JN197337

# 清水幾太郎研究

第１号

星田宏司・編

2019. 9月
いなほ書房

# 「清水幾太郎研究」発刊の辞

少人数教育(昭和38年)の単科大学(政治経済学部のみ)であった成蹊大学では、三年からゼミナール制度が設けられていた。

私は、社会学のゼミが良いのではないかと考え、どんな学問なのかと、最初に読んだのが、清水氏の『社会学講義』(岩波書店版)であった。深い感銘を受け、そして選んだのは、佐々木斐夫先生のゼミであった。

清水氏の本は、それ以来、学生時代・出版社勤めから現在にいたるまで、目に付けば買い求め、ほとんど収集した。

38歳で独立し出版社を興し、社会学書も出版し、縁あって、日本社会学史学会の「社会学史研究」の復刊3号より制作にたずさわり(本年41号を出版)、今日に到っている。

清水氏については、様々な評価があるが、私は、戦後の平和運動家・社会学者としての活動には、多大な貢献があったと、評価するものである。

そして今年、私の出版生活55年を迎えるに当り、本誌を発刊することにした。

もとより個人編集のため、不備な点は多くあろうかと思うが、参考に資することができれば、幸いである。

二〇一九年九月吉日

星田宏司

※本誌は不定期刊行である。
※投稿は自由(肯定論・否定論も含め)であるが、原稿料は出さない(掲載誌を贈呈する)。
※枚数は、清水氏の思い出などの短いものから、論文まで。
※著作権継承者の方、お知らせ願う。

# 清水幾太郎の業績とその着想

藤竹　暁

清水幾太郎は、「経験」を基礎にして考え、行動した思想家であり、社会学者であった。清水幾太郎の人生とその業績を明らかにするためには、清水にとって経験とは何であったのかを、探らなければならない。

本稿では、清水が社会学を志望するにいたり、そして三〇歳代前半に、環境と人間に関する清水独自の理論の骨子を形成するまでの、清水の初期の経験を考察する。まず、清水が成長過程で遭遇した個人的、社会的事件を整理し、これらの事件が、清水の思想形成において、どのような経験となったかを考える。次いでマルクス主義が支配する時代状況の下で、ドイツ形式社会学に没頭し、その非現実性に飽き足らず、オーギュスト・コントの研究へたどりつき、さらにアメリカの社会学、心理学、哲学を知るにいたって、コントの人類に関する観念を、清水独自の社会学的な人間の理論へと発展させた過程をたどりながら、清水が経験の概念を確立してゆく経緯を論ずる。

それはまた、思想家そして社会学者としての清水幾太郎が、人生と社会に対して示した姿勢を明らかにすることでもある。

## 一　人生における経験

清水幾太郎の学問とその人生の基礎には、「経験」が横たわっている。まず、清水幾太郎にとって、経験とは何かを探らなければならない。清水が社会学的に「経験」をとらえる土台となった人生経験を、簡単に整理しておこう。それは清水の出生に始まり、社会学者として、またジャーナリストとして世間に認められるまでの時期に生じた。

第一――清水幾太郎は明治四〇（一九〇七）年七月九日、東京市日本橋区薬研堀町（現在の中央区東日本橋二丁目）に生まれた。祖父の代まで、旗本であった。本所割下水の下屋敷に趣味で諸国の竹を集めていた。その下屋敷は、「竹屋敷」と呼ばれていた。その縁で、明治維新後、祖父は建築用の竹を供給する竹屋を商売にした。池波正太郎は、「本所の割下水に下屋敷があったっていう御旗本なら、三千石以上ですよ。別邸を許されていたわけですから四千石か五千石という大身旗本じゃないですか」[1]と語っている。父がその仕事を継いだ。しかし日本近代化の過程で、清水の家は没落の道を歩んだ。清水は誕生の時、第一五代将軍徳川慶喜が着たという産衣を着せられた[2]。清水の少年時代は、維新後四〇年の歳月が流れていたにもかかわらず、まだ〝徳川様〟が鼓動を続けていた。しかしそれは、没落の空気の中にあった。清水はそれを、「漠然と過去との繋がりの中に生きていた」[3]と表現し、それは「未来との繋がりが曖昧であったということにほかならない」[4]と付け加えている。

清水は「世が世なら」という言葉を、家に集まる人々の口から、幾度となく聞かされた。そしてそこには、旧幕臣であるという矜持が、つねに漂っていた。清水が一生、使命感のようなものを抱き続けた心理的風土を、ここに見ることができる。

第二――大正八（一九一九）年、清水が小学校六年生のとき、父親は事業を止めた。そして日本橋から本所区柳島横川町（現在は墨田区横川四丁目）へ移った。家業は洋品雑貨商となった。それは最初の引っ越しであった。清水にとっては、いや清水の家族全員にとっては、〃東京〃を捨てることであった。清水の家族にとって柳島横川町は、東京の下町ではなく、「場末」であった。清水はよく、現在の東京は大きくなったが、清水にとっての東京は小さな社会だと語っている。「近頃は、『下町』という言葉が見境もなく用いられているが、当時の古い小さな東京では、本所でも、回向院や旧吉良邸辺りまでの、隅田川に近い地帯は、下町と呼ばれたかも知れないが、東へ進むにつれて『場末』になる。柳島横川町は、力と富とを求めて、というより、生きる道を求めて東京へ流れ込んだ人たちの住んでいる地帯である。（省略）一日中、空気が臭かった。江戸時代からの言葉や趣味や人情を探す方が馬鹿で、そこに住む人々は、各地の方言や風習を無遠慮に持ち込んでいた[5]」。そこが清水の新しい生活の場となった。

大正九（一九二〇）年のある日、清水は本所のある洋服屋の店先で易者に出会った。易者は「医者になりなさい」と言った。清水は医者になることを決心した。両親も賛成した。その年の四月、清水は独逸学協会学校中学に入学した。そこには、日本中の医者の息子が集まっていた。また、英語ではなくドイツ語が正課であった。このことが後に、東京高等学校に入ってから、独学でドイツの社会学文献を読み漁る下地となった。

第三――大正一二（一九二三）年九月一日正午、中学三年生の清水は「一生のうちで最も大きな経験にぶつかることになった[6]」。関東大震災である。清水の家は全壊し、無一物になった。焼け跡にバラックを作り、商売を再開したが、以前のような調子を取り戻すことは、ついに出来なかった。「私の一生のうち、中学に入ってからの2年あまりの期間が、一番仕合せであったと言えば言えるように思う。幸い、家の商売は順調であったし、学校は万事ノンビリしていた。しかし、仕合せな期間は、大正一二年九月一日正午に終わった[7]」。清水は商売を手伝いながら、学校に通った。

関東大震災は、江戸の名残を留めていた旧い東京を、すっかり壊滅させた。それはまた、清水にとっても、過去の消滅であった。日本橋から本所の柳島横川町への移転は、すでに過去との繋がりが切れたことを意味していたのだが、気持ちの上では、まだ過去との間には漠然とした繋がりがあったに違いない。それを断ったのが、関東大震災であった。東京は新しく帝都として復興するのだが、それは新しい東京の出現であって、かつての江戸と繋がりをもった旧い東京の再生ではなかった。清水もまた、過去を捨てなければならなかった。しかしそれは、新しい東京が資本主義とモダニズムの鼓動をより強く響かせる方向へ進んでいったように、明るく、軽快な空気で過去を捨てるのとは、違っていた。

清水は医者の志望を捨てた。一九二三年の暮れから翌年の正月、中学校の恩師加藤光治を大塚に訪ねた清水は、「一つ、社会学という奴をやってみるか」というようなことを言われ、社会学を一生の仕事として選んだ。「『選ぶ』という、冷静な知的操作を思わせる言葉を使うべきではなかったのであろう。『社会学』という刺戟を与えられた瞬間に、以前から一つ一つ積み重ねられて来た材料が一度に爆発したようなものである。微禄の境涯から抜け出そうという気持、貧しい、汚い、臭い場末の生活、アナーキズムを初めとする社会思想の断片的知識、関東大震災で丸裸になってしまった身の上、捌け口を探していた荒くれたエネルギー……そういうものが積み重ねられていたところへ、『社会学』という小さな火花が落ちたのである」(8)と、清水は回想している。

第四――昭和六（一九三一）年三月、清水は東京帝国大学文学部社会学科を卒業、四月、社会学研究室副手となった。だが、アカデミズムという城に守られた研究者生活は、二年しか続かなかった。一九三三年三月、東京帝国大学の職を解かれた。以後、一九四一年七月、読売新聞社論説委員になるまで、清水は現実の荒波から人間を守ってくれる組織とは無縁に、生活しなければならなかった。それはまた、「赤い十年間」と呼ばれた時代と重なっていた。

## 二　二つの社会的体験

一言で言ってしまえば時代ということになるのであろうが、関東大震災と「赤い十年間」の経験については、もう少し補足しておかなければならない。

清水が一生のうちで最も大きな経験と呼んだ関東大震災は、清水の人生を変えるとともに、重い痕跡を残した。そしてそれは、清水に経験を社会学的に表現させるうえでのエネルギーとして蓄積された。

第一――人間と自然の調和という考え方は、人間が勝手に作りあげた観念であり、かつまた事実であることを、関東大震災の経験から清水は知った。大地の懐に抱かれてなどと、われわれは気楽に表現することがあるけれども、自然は人間の願望とは独立に動く。この事実を、清水は知らされた。「天災は、その何れを見ても、人間に対する自然の裏切りにちがいないけれども、大地の動揺としての地震は、自然のうちの最後の味方の裏切りと言ってよい[9]」。自然は「一種の発狂状態に陥る」のである。その時、自然の一部分である人間もまた、一種の発狂状態に陥る。そして人間は理性を失う。「人間の理性というものは、平穏無事な時、つまり理性の活動が必要である時は、活溌に活動しているらしいが、自然の発狂状態のような、理性の活動が本当に必要な時になると、何処かへ消えてしまうようである[10]」。自然の裏切りという状況では、理性の活動がもっとも要求される場面であるにもかかわらず、人間はかえって理性を失うという事態に陥ることを、清水は経験した。

清水は経験を社会学的にとらえるとき、経験とセットになっている概念として状況ないしは現実を用いている。関東大震災は、現実が圧倒的な強さをもって人間に迫ることを、清水に実感させた最初の出来事となった。

関東大震災の経験は、清水に大きな仕事を残させている。まず、『流言蜚語』（日本評論社、一九三七年）である。昭和一一（一九三六）年の二・二六事件直後の流言蜚語の氾濫は、ジャーナリズムの関心の的となり、清水は早速、請われるままに、『中央公論』四月号と『文藝春秋』四月号に同時に、二本の原稿を寄せた。[11] しかし流言蜚語についての生々しい経験は、清水がすでに関東大震災で得ていたものであった。[12] 名著『流言蜚語』は、以上二つの論文をもとにして、翌年に一気に書かれた。

清水はある時、自分では『中央公論』と『文藝春秋』の二本の原稿をうまく書き分けたと自信を持っていたのに、ある編集者から同じものを二本書いたと言われて不愉快な思いをしたと、私に語った。物書きとして清水のはるか後方をとぼとぼ走り始めた私に、同じテーマについてほぼ同時期に、二つの原稿を書くことの世間的な難しさを、教えられたのだと思う。

もう一つは、関東大震災の思想的反応の分析を通して、日本人の自然観を明らかにした好論文「日本人の自然観――関東大震災」[13] である。また、「見落とされた変数」[14] は、関東大震災の次の大地震に対する予知と対応の社会的必要性をいち早く喚起するとともに、大災害に関する社会科学的研究が日本で成長する端緒ともなった。関東大震災が再び東京を襲い、そして再び人間が理性を失う状態に立たされることの危惧から、清水は理性が活発に活動できる平穏無事な現在こそ、大地震に対して万全の備えをしておかなければならないことを、終生説き続けた。

第二――清水にとっての関東大震災は、自然の裏切りと、大杉栄と伊藤野枝が絞殺される事件とがセットになって、一つのまとまりをもった経験となった。当時の清水は、大杉栄の著書を愛読していた。「大杉栄は私の先生である。くわしいことは判らないが、彼は人間を愛し、自由を愛し、正義を愛する人である」[15]。「大杉栄のような人物がいたことは、私たちの誇りであると思う。今日でも、大杉栄はもっと読まれねばならぬと思う」[16]。その大杉が殺された。

一九五九年に書かれた『社会学入門』(カッパブックス)には、「個人的思索」と題する節があり、それはもっぱら大杉栄『正義を求める心』(一九二一年)の巻頭にある「個人的思索」という短い文章の引用によって成っている。そのうちの一節である大杉の次の言葉は、オーバーに言えば清水の人生観のようなものとして読める。「研究や思索は遊戯ではない。僕等は僕等の日日の生活に於て、必ず何事かを考へ、又其の考へをあくまでも進ませて行かねばならぬ、或る要求に当面する。どうしても放って置けない何等かの事実にぶつかる。僕等の思索や研究は、此の内的要求を、何よりも先ず他人の著書によって、即ち他人の観察と、他人の実験と、他人の判断とによって、満足さすと云うやうな怠け者であってはいけない[17]」。

こうして清水は、関東大震災の直後に医者の志望を捨て、社会学を選んだ。清水は決断の迅速な人物であった。周囲にいる人間からすると、理解してついて行くのに困難なほど早かった。しかしその決断は、清水にとっては必然の爆発であった。清水の人生選択についても同様である。関東大震災の直前、神奈川県茅ヶ崎の海岸に遊びに行った時、『正義を求める心』と大杉栄・伊藤野枝共著『二人の革命家』（一九二三年）とを携えて行ったことを、清水は何度も書いている。大杉への傾倒がなければ、また大杉栄と伊藤野枝が絞殺される事件によって清水の関東大震災経験が完成するのでなければ、清水は医者の志望を捨てなかったであろう。大震災によって無一物になるという経験は、かえって医者の志望を強める方向にだって作用するはずである。清水はその道を選ばなかった。それは清水の心の中に蓄積されてきたエネルギーが爆発したからである。

第三――一九三〇年代は「赤い十年間」と呼ばれた。それはマルクス主義が支配する一〇年間という意味であった。「私たちは、自分がマルクス主義者であると思わなくても、その用語を使わなければ、現実を説明することが出来ない、そういう立場に追い込まれていた。現実が学説を分泌したというか、現実と学説とが一体に見えたというか、マルクス主義には、今日とは全ぐ違う説得力があった[18]」。しかし清水にとっては、この「赤い時代」はいささか趣を異にしていた。清水はすでに、中学三年生で（一九二三年の暮れか翌年の正月）社会学を志し、手探りで社会学の書物を読んでいた。そして清水は窮地に立っていた。「マルクス主義は、これら一切の社会学説に口汚い嘲罵の言葉を投げつけていたから。ディレンマというほどのこともないが、とにかく、マルクス主義を生かそうとすると社会学を捨てねばならず、社会学を生かそうとすると不誠実に陥らねばならぬという苦しい立場に追いこまれていた[19]」。

清水はオーギュスト・コントを卒業論文に選ぶことによって、この窮地を脱したことは周知のことである。しかし、清水をこの窮地に追い込んだものは、たしかに赤い時代という背景もあったけれども、もっと重要なことは、社会学を志すにいたった清水の関東大震災経験であった。清水の本所柳島横川町の生活は大学一年の夏まで続いていた。「この貧民窟に私の青春があった。大学の一年生の夏、そこから東京府下の雑司ヶ谷村へ移った時、私の或る部分には、貧民窟から脱出したという小さな解放感があった。しかし、それと同時に、私の気持の他の部分には、それを見捨てたという一種のうしろめたさが残った[20]（傍点は原著者）」。清水を窮地に追い込んだものは、社会学への清水の志そのものであった。

社会学者としての清水は、東京帝国大学の副手となることによって、順調なスタートを切ったように見えたが、しかしそれは二年で終わった。「清水幾太郎自撰略年譜」によれば[21]、一九三三年は次のように書かれている。「三月、東京帝国大学の職を解かれる。六月、父死去（五〇歳）。相次いで大小の収入をすべて失う。家庭教師と文筆活動によって辛うじて生きる」。大学に進んだ一九二八年に日本社会を蔽っていた空気を、清水は（現在では想像もつかぬような貧困、不況、失業、飢餓、不安[22]」と表現しているが、それから五年後、清水は毎日の生活を「赤い十年間」に象徴される失業と不安の空気で翻弄されることになった。

にも拘らず、清水はマルクス主義にすべてを託さなかった。もう一度「清水幾太郎自撰略年譜」を引用しよう。一九三五年、「従来、専らドイツ及びフランスの学問に没頭していたが、この頃、アメリカの社会学、心理学、哲学の研究を始める。七月、長女禮子出生」。清水の経験は、アメリカの社会学、心理学、哲学と出会うことによって、清水の社会学的概念としての経験へと発展してゆくことになる。

「清水幾太郎自撰略年譜」は、次のような事情の下で生まれた。一九八八年、清水は『清水幾太郎集』全一一巻の刊行を決めた。その内容見本は、清水の熱い言葉で充ちていた。清水は各巻の作品内容説明と「清水幾太郎自撰略年譜」を自ら書いた。清水は人生を振り返り、彼の経験と著作とを、自らの言葉で位置づけた。そして巻頭に、「若き読書子に告ぐ」を書いた。それは、これからの読者に対する清水の思いが込められていた。また、詳しい「自撰年譜」を掲載する予定で、その作業も行っていた。しかし清水は、この計画を断念せざるをえなかった。この経緯は、清水自身、清水の著作、そして読者にとって不幸な出来事であった。私は読者として、かけがえのない清水の言葉を失ったことを残念に思う。「若き読書子に告ぐ」は一種の遺書である。

## 三　清水における経験の概念

清水は経験の概念をジョン・デューウィから学んだ。清水は何度もデューウィについて論じているが、「デューウィの思想」[23]がもっともまとまっている。清水は、通常の人間にとっては、社会的かつ感情的な経験が、そして非反省的な経験が第一次的なものであり、その中に生きていることを、デューウィが一生の間、繰り返して述べてきたとして、「一切はそこから出発する」[24]と書いている。では、経験とは何か。

第一――デューウィによれば、有機体と環境とは相互に連続しており、「この連続性によって双方の硬度が失われて、謂わば一つのものに溶けている」[25]。これがデューウィのいうパラダイスであった。「現実の人間は、このパラダイスで享受の生活を送っている。彼はそこで行動し、満足感を味っている」[26]。

経験とは、人間の「心的状態」ではない。人間は環境への適応を通して生きているのであるが、経験はこの人間（ないしは有機体）と環境との関係をあらわす概念である。清水によれば、経験は人間と環境との間のバランスをあらわすものである。　そして経験を次のように定義する。経験とは、有機体と環境との関係を、有機体の側から掴んでいるものである。これに対して「状況」（デューウィが好んで用いた）は、有機体と環境との関係を、環境の側から掴んでいると見てよい。そして清水は付け加える。「若し欲するなら、これを更に現実と名づけてもよいであろう[27]。清水は、経験と現実をセットにして考えていた。

清水にとってのこの経験の概念を、清水らしい表現に求めるならば、次のようになる。「経験という言葉は、人間という言葉と同じように、定着することが困難な——というより、不可能な——ものの一つであるが、思い切って言えば、私と私でない事物とのダイナミックな関係を私の側から捕えたものである。人間が、自分を包む環境との均衡の上に成り立つ一つのオープン・システムであってみれば、経験は、人間にとって本質的な意味を持っている。それと同時に、私でない事物——社会、世の中、他人……——が変化しなかったら、世に経験というものはないであろう。変化があるから経験があるのであるし、また、変化は経験にとってのみ現われるものである。要するに、世の中——私でないものが、変り、それと一緒に私が変ることを通して、私は少しずつ成長して来たのであろう[28]」。清水はよく「人間は個体として生まれ落ち、パーソナリティになる」と、社会学の基礎を述べていたが、それは社会学の基礎であるとともに、清水自身の基本でもあった。

第二——ここから社会を創造するという人間の積極的な側面を重視する考え方が導き出される。人間は社会によって作られるばかりでなく、積極的に社会を作る存在であることへの注目である。

清水は、その拠り所をデューウィの知的あるいは反省的活動に求めている。では、知的あるいは反省的活動はどこで始まるのか。それは人間がパラダイスを逐われる時に始まる。つまり状況が緊張を含み、その意味が不確定になり、それが人間にとって危機として把握され、「互いに相反する幾つかの行動が人間に向かって要求されて来る時、その時に漸く人間は考え始める」[29]。そして人間は、当面した困難の処理に成功し、有機体と環境との間にバランスが戻った時、パラダイスに復活することができる。人間は非反省的な経験に立ち戻る。知的活動というのは、人間が不本意に辿る迂路なのであった。

したがって人間の成長とは、経験の成長のことであり、教育とは、経験の再構成と再組織によって、その人間の経験の意味を豊かにし、その後に当面する経験を処理するための能力を増すことである。「教育とは、パラダイスを逐われた人間が再びパラダイスへと立ち戻って行く過程と引き離して考えることの出来ぬものである」[30]。こうして人間が獲得する知識は、「一般的な抽象的なものではなくて、かけがえのない状況を生き抜くための特殊的な具体的なものである」[31]。人間はこの知識を用いて、社会を作る存在となる。

しかし清水は、デューウィの危機が日常的な反省としてコミュニケーションによってパラダイスへと復活可能な、小さな空間と時間の広がりを舞台とする状況あるいは経験であることに、疑問を投げかける。

われわれが直面してる問題は、デューウィの考えるように、すべてが日常的に解けるものではない。環境を作る主体としての人間は、デューウィの考えた日常的な平面、あるいは個人的な平面とは異なる平面において、捉えなければならなくなる。

第三――このデューウィとの格闘は、清水の環境論が展開する道程でもあった。アメリカの社会学や心理学の文献を通して、清水が有機体ないしは人間と環境との関係について学んだ成果としては、すでに『流言蜚語』があるが、環境とか行動という社会学的用語を用いた成果は、一九三九年に刊行された『現代の精神』(三笠書房)である。本書は論文集で、一九三七年四月に書かれた「伝統に就いて」から三九年八月の「綜合的精神」までが収められている。「伝統に就いて」はアメリカの社会学と心理学によって書かれた。清水は本書で、「二つの現実」（一九三八年一二月）や「二つの環境」（一九三九年二月）など、清水の経験概念の基礎となる考え方を展開していた。

本書の「序文」は、いわば清水の所信表明とでも言えるものである。清水はアメリカ社会学と心理学の考え方を用いて、つまり清水の経験を通して、現実と向き合っていた。「各論文の取扱ふ問題は極めて多岐に亘つてゐるが、若しそれ等を貫いて統一するものがあるとすれば、それは人間を何よりも先ず行為し行動する主体として捕へ、その交渉する世界を環境として理解するところの見地である。人間の行動と環境との関係は恐らくこの書物の枢軸を形作るものと考へられる。私が環境といふことを説くのは、環境が人間の一切を決定するといふ見解を採用するためではない。却つてこの見解は私の最も憎むものである。人間は単に環境に依つて決定されるものでなく、人間は翻つてまた環境を変じ動かすものである。環境にして人間を作るならば、人間も環境を作るものであり、而も私が本書に於いて特に明かにする必要を感じたのは、人間が外部の環境を動かし且つこれを変じて行くといふ側面であつた」[32]。

清水は、アメリカの社会学と心理学の理論を道具にして、日本社会の現実を扱い、日本人の経験はどのようなものでなければならないかを、論じていた。社会が有無を言わせぬ力で、人間を一定の方向へ連れて行こうとしている状況の下で、人間には環境を作る側面があることを強調し、時代の圧力に逆らうエネルギーと姿勢を説くための武器を与えてくれたのが、アメリカの社会学と心理学の理論であった。清水はその道程を、次のように述べた。「元来私が様々の問題を行動と環境との関係として考察するようになったのは、数年前アメリカに於ける児童研究に注意を払ったことに始まる。素より単純な環境決定論の意味に於いてでなく、寧ろ歴史を知らぬ自由なアメリカ的現実の故であろうが、この場合に於いても単に人間は環境に依つて作られるものであり、環境に対する人間の積極的な形成の働きはその背後に退いてをつたと考へられる。その後の私の努力はアメリカに於ける行動及び環境の理論に出発点を求めながら、そこから作るものとしての人間を導き出そうとする点に向けられてゐると言ふ事が出来る」[33]。清水が言う「その後の努力」とは、清水がそれまでの勉強で獲得してきた経験と、アメリカの社会学と心理学を勉強することで得られた経験とを、結びつける努力を意味していた。

## 四　清水の観察力と決断

清水の決断の早さについては、前述した。それは清水が、現象（あるいは経験と対比させて状況と呼んでもよい）の「カタチ」を見抜くセンスをもっていたからであった。清水のカタチに関する総合的把握力は、特筆に値する。

第一――このセンスはすでに、少年時代において示されている。清水は大正三（一九一四）年に千代田小学校に入学した。間もなく彼の前に、偉大な人物として猿飛佐助が現れた。清水はその知識欲が立川文庫で充たされることを知り、次々と買い求め、やがて数十冊となった。そして「どれもこれも同じものだと気がつき、（省略）次第に情ない気持になった」[34]。三年生の頃であった。清水は彼が買い集めた立川文庫を全部、友人にやってしまった。気の早さ、思い切りの良さは清水の性格だが、私は、清水が直向する状況のカタチを把握する優れた能力をもち、その見当をつけるや、自分を追い込むようにして状況に適応する清水の姿勢に注目したい。

独逸学協会学校中学に入学した夏（一九二二年）も、そうであった。中学一年の清水は丸善本店でクレーナー版の『ファウスト』を買った。家に帰ってFaustを独和辞典で引くと、「拳骨」とあった。清水は「ファウスト」は拳骨のことかと、知った。ドイツ語を習い始めた直後のことであった[35]。

恩師の加藤先生を訪ね、社会学を一生の仕事として選んだ翌日、清水は神田で『タルドの社会学原理』（風早八十二訳、岩波書店、一九二三年）を買った。

大学二（一九二九）年のある晩、本所区柳島元町にある東京帝大セッツルメントの労働学校で、セッツラーとしての講義を終えて帰り道、「突然、そうだ、オーギュスト・コントを勉強しよう、と私は決心した」[36]。清水は翌日、神田でコント『実証哲学講義』を買った。だが、清水はまだフランス語に堪能ではなかった。

無謀とも言えよう。しかし、清水は物事のカタチを見抜いていた。あれはスペインのバルセロナであったと思う。私たちはデパートで買い物をした。私は旅の記念にと思い、パイプを一本買おうと思った。二本のパイプが候補にあがった。どちらにするか決めかね、「先生、どちらがいいでしょうか」と清水に相談した。清水は「使った後で、どんな恰好になるかを考えて、選んだら」とアドバイスされた。カタチ、つまりパターン（清水は多分、この言葉を嫌いだと思うが、最近の用語法を使えば）を見ることの重要さの指摘であった。

第二――卒業論文にコントを選んだ理由の一つにも、カタチを見る眼が働いていた。清水は東京高等学校在学中に、ドイツの形式社会学の主要文献をあらかた読んでしまっていた。「何時からか、その途中で、ドイツの学説の非現実性というか、如何にも浮世離れしているものを不満に感じるようになった」[37]。一九二七年には金融恐慌が日本を襲い、一九二九年一〇月二四日には、世界恐慌が始まった。当時は、マルクス主義の「用語でなければ、何も言えないような時代」[38]であった。こうした現実を背景にして、清水はコントを勉強しようと決めた。

日本社会学会では、綜合社会学は評判の悪い学問であった。何故、清水はコントを選んだのか。清水は三つの理由をあげている[39]。（1）コントの社会学説は、古典的な体系であったために、「後代に見られぬ具体性、現実性、歴史性が生きていた」。この点では、当時主流のマルクス主義と、同じ平面にあった。（2）コントは一生、市井の学者であった。

東京帝国大学の「先生たちは、研究者であるより先に官僚であった。これに対して、コントは、いかなる意味においても、官僚ではなかった。人間であり、研究者であった。眼前の先生たちを飛び越えて、私は、コントのうちに本当の恩師を見出そうとした」。(3)ドイツ語に堪能な自分が、周囲の予想を裏切ってフランス語の文献を選ぶという「私の虚栄心ということがあった」。

清水を理解するうえで、第二と第三の理由は重要であるが、さしあたってここでは、第一の理由に注目したい。清水は、マルクス主義そのものが、結局のところは評判の悪い綜合社会学の一種であると考えた。また清水は、コントを初めとする綜合社会学者が「現実の社会的問題の解決を企てて」おり、「そのため、学説の内容は自ずから百科全書的になり、その意図は実践的になって[40]」いると判断した。綜合社会学の「形式」ではなく、その「内容」にマルクス主義と共通するカタチを、清水は見出していた。

第三——清水が家族の社会学的研究を捨てた事情にも、カタチについてのセンスがうかがえる。一九三一年から三三年にかけての東京帝大副手時代は、清水の研究テーマ模索期であった。清水は、「この期間に拾っては捨てた幾つかの問題のうちに、家族の研究というテーマが属している[41]」と、回想している。家族大学の恩師戸田貞三は、家族社会学の権威であった。教室で戸田は、現実の家族を描写するよりも、理想化した側面を強調し、「夫婦や親子の間の感情的融合および全人格的信頼[42]」について講義していた。しかし、家族を研究テーマとして選ぶ清水の気持ちは、田山花袋の『生』(一九〇八年)を読むことによって崩れた。家族の現実に肉薄しようとすれば、「アカデミックな研究と小説とでは角力にならない[43]」。清水にとっては、あくまでも現実が問題であった。

それは、家族の研究、いや家族だけでなく、いわゆる社会学的実証研究が、社会問題を解決しようとするよりも、小さな具体的事実に対する科学的分析という学問的序列に都合のよい関心を充たすことに、安住していたからであった。それはまた、清水がコントを選んだ理由の第二に挙げていた、東京帝大を頂点とする社会学者の群れが、研究者である前に「官僚」であったことと関係している。

「けれども、私があきらめてしまったのは、家族の専門的研究者として立っていくということであって、家族の問題そのものは、その後の勉強の過程を通じて二度と私から離れることがなくなった」[44]。清水にとっては、まず、日々の生活が大問題であった。そしてそれは、社会学の中心的問題は、「現代、また現代の危機」[45]にこそあるという清水の社会学に寄せる期待とも結びついていた。社会学の研究者たちは「大学や研究機関で安定した地位を恵まれて」[46]、断片的事実の分析に終始し、社会的問題を解決する精神の牙を失っていると、清水は考えた。事実の分析こそが研究の基本であることは、戸田の弟子として、清水も十分に承知していた。しかし、「如何に事実が大切であると知っても、或る機関で安定した地位を与えられていなければ、事実の分析で生きることは出来ない」[47]。そして清水は、安定した地位に止まっていることができない状態に置かれていた。

清水は市井の研究者であった。そして根っからのプラグマティストであった。その清水は一九三五年ごろ、ジョン・デューウィの著作と巡り合い、プラグマティズムの哲学を勉強するようになった。それは、清水にとって、アメリカの児童心理学の紹介が生計を立てる直接的な手段となるとともに、また長女を育てるという自らの日常的経験とも重なっていた。プラグマティズムの哲学を学び、それがアメリカの社会学と心理学の基礎となっていることを知って、現実的問題の解決を社会学の中心的課題と信ずる清水は、そこに社会学的研究のカタチを見たのではないか。

同時に、清水がコントを卒業論文に選んだ第三の理由として「虚栄心」を挙げていたことに照らして考えると、アメリカの社会学と心理学を選んだ背景にも、ある種の「虚栄心」が働いていたのかも知れない。一九三九年一二月に発表した文章で、清水は次のように書いた。「吾は永い間アメリカを子供扱ひにするヨーロッパ人の尻馬に乗ってアメリカの学問を軽蔑して来た。（省略）かういふ傾向の中に立って敢へてアメリカの学問に手を着けた人もゐたにはゐたが、この人達は殆ど申し合せたやうに筋のよくない人々であった。彼等がその眼をアメリカに向けたのは多くの場合ヨーロッパの学問を研究する能力がなかつたからである。ドイツ語もフランス語も読めないのでアメリカへ手を伸ばしたといふのが多く、従ってアメリカに学んでも乏しい能力でこれを紹介するといふにとどまつて、自分の研究を成就し得るやうな人は極めて稀であった。今後はもっと才能のある人がアメリカに注意を払ふやうにならねばならぬ」[48]。あえて私は清水の「虚栄心」と呼んだのだが、しかしこの清水の心意気は、清水が抱くのっぴきならぬ時代の危機意識があって初めて、生まれることのできたものであった。

## 五　清水における社会学の中心問題

清水はつねに、人間を問題にしてきた。家族の専門的研究者として立つことは断念したものの、家族の問題が終生変わらぬ研究課題となったのも、アメリカの児童研究への関心からアメリカの社会学と心理学を勉強し始めたのも、清水の人間への関心を抜きにしては考えられない。

第一——清水が日本の学問ばかりでなく、さらに知識人の姿勢を批判する根底には、プラグマティズムの哲学があった。それは清水が、人間を研究の中心に置いていたからであった。清水は一九四〇年三月に発表した文章で、アメリカの思想の基本には、パティキュラリズムを排斥する心があると言う。パティキュラリズムとは、一つの思想にのみ義理立てして、それで現実の複雑多岐な難問を完全に解き尽そうとする態度のことである。「思想は問題を説明するために、現実の困難を克服するために、人間社会を幸福にするためにあるといふのがアメリカ人の信条である。日本のインテリゲンチアは多くパティキュラリストである」[49]。清水は別の個所でも言う。「フランクな態度で凡ゆるものに心を開くと同時に、それ等の効用を同じ態度で審くのである」[50]。パティキュラリズムが支配するところ、科学は途端に「紛ふ方なき神話」[51]と化する。

ここには、清水の信条が示されている。清水がマルクス主義の中に綜合社会学のカタチを見たのも、もともとパティキュラリズムを排斥する心をもっていたからである。またこれは、時代の主潮を拒否する清水の抵抗の姿勢でもあった。

清水は一九三九年一二月の文章で、アメリカの社会心理学ほど「面白い学問はない」[52]と言う。何故か。「アメリカ人にとっては社会が人間に依って形成されてゐるといふことが直接の確実な体験となつてゐるといふ事実が先ず第一に考へらるべきであらう。社会の要素が人間であるといふ信念である。これは特別に信念とか体験とかいふ必要のない如く思はれるが、社会的全体が個人を要素とせず、却ってこれを超越するといふやうな信念乃至体験の支配してゐる場合もあるのであるから、これはやはり特別のこととして記憶されねばならぬ」[53]。これは勇気のいる文章である。

第二――だが、清水はデューウィにも不満であった。デューウィの視野には、個人で解決可能な平面による問題解決しかなかったからである。清水にとって社会学は、個人的平面における問題の研究で終わってはならないものであった。清水は社会的平面における問題を重視した。綜合社会学ないしはコントへの執着とでも呼べるような清水の姿勢は、ここに求められる。

清水は東京帝大卒業の年、卒業論文の一部を『思想』に発表した。「オーギュスト・コントに於ける秩序と進歩」（一九三一年八月号）である。次いで、「コントに於ける人類の観念」（『思想』一九三二年四月号）を書いた。この論文で清水は、まず、コントの哲学の中心には人類の観念があると述べ、二つの平面で人間の研究を考える。「コントにあつては、人間を単に個人として観察することはこれを動物として規定することであつて、人間を真に人間として規定するの方途ではない。人間を人間として把握するにはこれを叡知と社会性とに於いて規定せねばならず、個人としての見地より人類としての見地へと移らねばならないのである。実に吾々は人類に属する限りに於いてのみ人間たり得るのである」[54]。そしてこの論文では、清水はコントにおける人類の観念が、いかにブルジョワ的であるかを論じてゆくのだが、この点には立ち入らないことにする。私が注意したいのは、社会学においては、個人に対して社会が優越するという主張が「普通に行はれてゐる」[55]と、清水が書いている点である。

清水は、一九三四年の論文になると、社会学の根本問題は、社会と個人の関係をめぐって成立すると考えるようになる。たしかに社会は個人に優越するのだが、しかしそれが「かかるものとして明確に意識されるためには個人が先づ確立されてをらねばならない」[56]と言う。ところが一九世紀前半のヨーロッパが、「この確立された個人に対して自己を優越せしめんとするところの社会を対立せしめた」ことによって、「社会と個人とは共に生かされねばならぬと共にしかも相互に反撥せざるを得ず、かくして社会と個人との関係の問題は両者が完全に出揃ったこの時期に漸く実現されることが出来たのである。[57]」社会と個人の問題は、清水のメインテーマとなった。清水がデューウィに不満だったのは、清水が社会学の根本問題とした社会と個人の対立が、デューウィには欠けていたからであった。

第三――しかし清水はデューウィによって、新しい平面へ出ることができた。清水はコントによって、「秩序と進歩との同時的要求が人間の本性に属する」と考えていた。また、この要求は「特に現代の要求[58]」でもあった。清水はこの「秩序と進歩」を、社会と個人との対立という視点から解こうと努力していた。そして清水はデューウィに出会った。清水は、デューウィにおけるパラダイスを追われ、そしてパラダイスに立ち戻る人間観を知って、コントにおける秩序の観念と進歩の観念にプラグマティズムの息吹を与えることができる、と考えたのではなかったか。ここから、清水の環境を作る人間像が導き出された。

清水は一九三七年の文章で、アメリカの社会心理学の成果を要約しつつ、ペルソナとパーソナリティの議論を展開する。ペルソナは元来人間の顔を覆うものだが、社会化の過程でそれを身につけることを要求される結果、「それはつひに人間の肉と化し精神と転ずるのではないか。これを外すことを忘れ或は恐れるのみでなく、更にこのペルソナそのものこそ自己であると考へるに至りはしないか[59]」と述べ、こうして人間にとっては、ペルソナを捨てて社会という劇場から退くことは破滅を意味するから、「社会は自分にとって問題であるが、自分は社会にとつて問題ではないと信ずるに至る[60]」と言う。これでは個人に社会が優越し、個人は社会的に受動的な存在であり続けることになる。

では、人間は社会を作る存在とは成りえないのであろうか。清水はペシミズムを出発点にして、人間は社会を作る存在となることができる、と言う。「悲しみと苦しみを受けるのは凡べての人間の運命である。だが自己が悲しみと苦しみとを受けてゐることを知るものは決して多くはない。多くの人々は苦悩の底に入って行く時に眼を閉ぢて己れを忘れるやうに努めるからである」。しかし、この悲しみと苦しみとを感じつつある自己を知るという堪え難い作業を、人間はしなければならない。それは「造られた人間が造る人間に変ずるために堪へねばならぬ試練である」と、清水は考えた。「この代償、この試練の中にあつて始めて人間は自己の顔を蔽ふペルソナを脱することができる[61]」。肉となり、精神となっているペルソナを脱ぐことは、激しい苦痛を伴うであろう。しかし、自らの手でペルソナを剥ぎとるとき、新しい人間が誕生すると、清水は主張した。

もちろん清水は、アメリカの社会心理学が作られる存在としての人間を論ずることに、その主力を傾注している点に、不満を表明し続けていた。しかしデューウィは、清水に力を与えてくれた。「この数年間に私が最も多くのことを学んで来た人[62]」はデューウィであると、清水は一九三八年に語っている。そして当時にあっては、時代に抗して「新しい人間」を主張することは、危険なことであり、勇気のいることであった。清水はデューウィの知性に、新しい人間誕生の基礎を求めた。「必要なものは知性の更新である。知性の意義を明らかにしたものは自由主義であろう[63]」と論ずることは、清水の時代に抗する姿勢から出た精一杯の発言であった。こうした格闘の成果が『社会的人間論』(河出書房、一九四〇年)であった。

(本稿の引用文献は、すべて清水幾太郎の文章であるので、著者名を省略した。)

(1) 座談会「地震・かみなり・火事・オヤジ」『文藝春秋』一九七三年九月号、三三四頁。清水幾太郎と一緒に植草甚一、池波正太郎が出席した。

(2) 『わが人生の断片』上、文藝春秋、一九七五年、一五六—一五七頁。

(3) 『わが人生の断片』上、一五九頁。

(4) 『わが人生の断片』上、一五九頁。

(5) 『わが人生の断片』上、一七〇頁。

(6) 『わが人生の断片』上、二〇六頁。

(7) 『わが人生の断片』上、二〇六貞。

(8) 『わが人生の断片』上、二一九頁。

(9) 「日本人の自然観—関東大震災」『人間を考える』文藝春秋、一九七〇年、一四六—一四七頁。この論文は、近代日本思想史講座『発想の諸様式』筑摩書房、一九六〇年に発表された。

(10) 『わが人生の断片』上、二〇八頁。

(11) 「流言蜚語の社会性」『中央公論』一九三六年四月号と「デマの社会性」『文藝春秋』一九三六年四月号。

(12) 朝鮮人騒ぎについての経験は、『社会学入門』カッパブックス、一九五九年、五〇頁参照。本書の抜粋は、『人間を考える』文藝春秋、一九七〇年に収録されている。

(13) この論文は、近代日本思想史講座『発想の諸様式』に発表された。後に『人間を考える』に収録された。

(14) この論文は、『中央公論』一九七〇年三月号に発表された。後に『人間を考える』に収録された。

(15)『社会学入門』五三頁。
(16)『社会学入門』五九頁。
(17)『社会学入門』五七頁。
(18)『オーギュスト・コント―社会学とは何か―』岩波新書、一九七八年、一二頁。
(19)「コントとスペンサー」『私の社会学者たち』筑摩書房、一九八六年、五八頁。この論文は、『コント　スペンサー』世界の名著三六、中央公論社、一九七〇年の「解説」として書かれた。
(20)「コントとスペンサー」『私の社会学者たち』五七頁。なお、東京府下の雑司ヶ谷村は、現在の豊島区雑司ヶ谷である。
(21)「清水幾太郎集・全一一巻―内容見本」新評論、一九八八年。
(22)『オーギュスト・コント―社会学とは何か―』一一頁。
(23)「デューウィの思想」『私の社会学者たち』所収。この論文は、岩波講座『現代思想』第六巻、一九五七年に発表された。
(24)経験については、「デューウィの思想」『私の社会学者たち』二六〇頁以下を参照。
(25)「デューウィの思想」『私の社会学者たち』二六二頁。
(26)「デューウィの思想」『私の社会学者たち』二六二頁。
(27)「デューウィの思想」『私の社会学者たち』二六二頁。
(28)「あとがき」『人間を考える』四七〇頁。
(29)「デューウィの思想」『私の社会学者たち』二六二頁。
(30)「デューウィの思想」『私の社会学者たち』二七一―二七二頁。
(31)「デューウィの思想」『私の社会学者たち』二六三頁。
(32)「序文」『現代の精神』三笠書房、一九三九年、一頁。
(33)「序文」『現代の精神』一―二頁。
(34)『私の読書と人生』要書房、一九四九年。本稿では、『人間を考える』所収の「私の読書と人生(抄)」一二頁。
(35)「私の読書と人生(抄)」『人間を考える』一六―一七頁。
(36)「コントとスペンサー」『私の社会学者たち』五六頁。
(37)『オーギュスト・コント―社会学とは何か』一〇―一一頁。
(38)「コントとスペンサー」『私の社会学者たち』五八頁。
(39)「コントとスペンサー」『私の社会学者たち』五八―六〇頁。第一の理由については、清水はすでに「非常時の社会学『思想』一九三二年一〇月号で同様の趣旨のことを論じていた。
(40)『オーギュスト・コント―社会学とは何か』七頁。
(41)『社会学入門』七六頁。
(42)「戸田貞三」『私の社会学者たち』一五〇―一五一頁。この文章は、一九七三年五月号の『思想』に掲載された。
(43)『社会学入門』七八頁。

(44)『社会学入門』七八頁。
(45)「非常時の社会学」『思想』一九三二年一〇月号、一四九頁。
(46)「戸田貞三」『私の社会学者たち』一五二頁。
(47)「戸田貞三」『私の社会学者たち』一五二頁。
(48)「ヨーロッパ文化の批判」『組織の条件』東洋経済新報社、一九四〇年、一四七貞。この文章は、一九四〇年三月に発表された。
(49)「アメリカの社会学に就いて」『美しき行為』実業之日本社、一九四一年、二七七頁。この文章は、一九三九年一二月に発衣された。
(50)『社会学講義』岩波書店、一九五〇年、八九頁。
(51)「アメリカの社会学に就いて」『美しき行為』二七〇頁。
(52)「アメリカの社会学に就いて」『美しき行為』二七〇―二七一頁。
(53)「コントに於ける人類の観念」『思想』一九三二年四月号、四六頁。
(54)「コントに於ける人類の観念」『思想』前掲号、六二頁。
(55)「日本社会学に於ける社会と個人」『思想』一九三四年八月号、七七頁。
(56)「日本社会学に於ける社会と個人」『思想』前掲号、七七頁。
(57)「オーギュスト・コントに於ける秩序と進歩」『思想』一九三一年八月号、八六貞。
(58)「制度に就いて」『人間の世界』刀江書院、一九三七年、一〇二頁。本書は初版の紙型を用いて、新版が清水書房より一九四六年に刊行された。「制度に就いて」は、一九三七年二月、雑誌『饗宴』に「悲哀の効用に就いて」と題して発表された。
(59)「制度に就いて」『人間の世界』一〇二―一〇三頁。
(60)「制度に就いて」『人間の世界』一〇八―一〇九頁。
(61)「デューウィ『自由主義と社会的行動』」『社会学ノート』銀座出版社、一九四七年、二二五頁。この文章は、一九三八年四月号の『思想』に発表された。
(62)「デューウィ『自由主義と社会的行動』」『社会学ノート』二三九頁。

(学習院大学教授)

(日本社会学会「社会学評論」一六〇号掲載)

# 清水幾太郎とその時代

鈴木　均

かつて〝清水幾太郎とその時代〟と称するに足る時代があった。たしかな手応えをもって、そう断言できる。だから、このテーマには、清水幾太郎なる思想家を論ずるには、その思想ないし表現の背景にある時代を考察しなければならぬといった一般的意味以上のものがあるのだ。そして、学者・思想家としての清水の言論・表現活動は、私がここで触れようとする「その時代」以後、約十年、派手なジャーナリズムの表面には見られなくなったとはいえ、アカデミックな分野での研究・業績を重ねており、これからも、その蓄積のうえに、新しい段階における〝清水幾太郎とその時代〟が再現しないと断ずることはできない。それどころか、その清水を受け入れるジャーナリズムは、現にもう存在しているのであって、清水自身の意志によって、〝その時代〟の再現は充分に可能なのである。

七二年講談社刊の『本はどう読むか』、『諸君』七三年三月号の『天皇論』、現在、同誌連載中の「わが人生の断片」を読んで見ても、氏のジャーナリスティックな筆力は、少しも衰えてはいない。つまり、第一線のライターとして活躍するに充分な現代性ないし現実性を備えている。私はそう思う。

けれども、私の予測によれば、その新しい清水の論壇におけるありようは私がこの小文によって語ろうとする〝その時代〟とは、全く異質な方向を指向することになるであろうし、社会的ビヘビアーにおいてもそうなるであろう。それが清水における今日の時点におけるジャーナリスティックというものなのであろう。だから当然、彼の選択するメディアも、今日のジャーナリスティックにふさわしいメディアに拠って、再登場しつつあるのだ。『世界』ではなく『諸君』から（岩波ではなく文芸春秋から、今、清水は、新しい〝その時代〟に向かって歩みはじめている。

このメディアの選択は、決して偶然ではあるまい。こういう際の清水のジャーナリスティックなカンには無類のものがある。それは彼の永年にわたるジャーナリズムとのつきあいと、読売新聞論説委員としての経験、とくに戦時下にあるジャーナリズムにおいてさえ、名著『流言蜚語』を書きおろす、剣ヶ峯をつたってわたるようなジャーナリズム体験によって、自ら身につけていったものなのであって、一朝一夕にでき上がったものではない。まして、清水が、そのジャーナリズムの「研究者としての第一人者であることを思いあわせれば、むしろ、当然すぎるほど当然だといわねばなるまい。

私がここで書こうとするのは、戦後ジャーナリズム史上において清水が活躍した〝清水幾太郎とその時代〟についてである。そして、この時期の清水を、新しい〝その時代〟の幕開けが開始されつつあるさいに振りかえって見ることは、〝その時代〟において、あるときは密着するように歩み、ある時は遠く畏敬の目をもって眺め、ある時はその言説によって鼓舞されてもきた、後輩の一ジャーナリストとしての私にとって、いささか感慨なきをえないものがある。

私の見るところでは、〝その時代〟における清水の思想と行動の軌跡は、三つの時期にわけられるように思う。

第一期は「街頭の青年たち」から「庶民」にいたる約五年にわたる間で、清水が最も良質な学者ジャーナリストとして活躍した時期である。この間の清水は、つぎつぎと展開する時代の現象を、社会学のフィールドに据えて、明快に分析・裁断して見せた。ここでは未だ清水は「街頭に出た学者たち」の仲間に加わってはいなかった。主として二十世紀研究所を拠点にしていた時期である。

この時期の著作の中で、その特質をアラワにしているものを年代順にあげてみよう（この小論を書くに当たって、今一度、当時の文献にあたって見るべきだと思いながら、時間切れで、充分に果たすことができなかったために、多く、記憶に頼らざるをえなかった。したがって、私に刺激をあたえたと未だに思いつづけているものに限らざるをえなかった。いささか私流にゆがみすぎた清水像になるかも知れないことをお断わりしたいが、素手で清水を語るとすれば、こういう清水の著作を手がかりにしているという意味での参考文献として読まれたい)。

「街頭の青年たち」(『世界』二一・二)「社会的集団」(『中央公論』二二・九)「反動の心理」(『人間』二二・九)「匿名の思想」(『世界』二三・九)「政治的腐敗」(『世界』二三・十二)『暗殺』(『中央公論』二四・九)「庶民」(『展望』二五・一)

この後、同系列のものが暫くつづく。しかし、第二期の清水の活動の思想的基盤は、この「庶民」においで築かれてしまったと、私は固く信じて疑わない。その理由についてはあとで書く。更にそのあとに「左と右の暴力」(『文藝春秋』二五・二)「風俗」(『世界』二五・五)「迷信」(『婦人公論』二五・六)「運命の岐路に立ちて」(『朝日評論』二五・八)と続く。

このあたりからの清水には、もっとナマな現実を、ナマな文体で、「社会学」という枠にとらわれずに書いていこうとする姿勢が目立ちはじめる。以前の系列を追求しながらも、新しい傾向が併存する過渡期である。

「機械時代」(『思想』二五・八)「日本人」(『中央公論』二六・一)「現代の魔術に抗して」(『世界』二六・四)とあって、この時期から私は、『改造』の編集者として清水とのかかわりをもつようになる。「もっとナマな現実を、もっとナマな文体で」清水が書き始めるキッカケは、私と清水との〝出会い〟から始まったように思う。つまり『改造』に清水が連載評論を書き始めた、その時からではなかろうか。「チャタレイ事件」(『改造』二五・十一)「追われるもの 迎えられるもの」(同誌、二五・十二)「新聞批判—架空編集局長就任の辞」(同誌、二六・一)『警察予備隊』と『再武装論』—断固として立ちあがろう」(同誌、二六・二)とここまでである。

つい、私事にこだわって、一期と二期への過渡期まで筆がスベったが、わずか四ヵ月の清水とのつきあいであったが、この時期は、私にとっても緊張の連続であったし、清水にとっても、〝その時代〟を語るに、なくてはならぬ時期であり、著作活動であったと、私は冷静に見てもそう思う。だからあえて書いたのである。つけ加えれば、「架空編集局長就任の辞」のナカミは単独講和論批判であり、それとかかわったところでの大新聞批判であった。

なお、更につけ加えれば、この第一期の間に清水は、この時期の編集者・ジャーナリストに深く、長い影響をあたえつづけた『ジャーナリズム』(岩波新書、二四・四)を書きおろしている。ちなみに末尾の著者紹介の著書の項を見ると、上がっているのは未だ、『社会と個人』『流言蜚語』『今日の教育』『社会学講義』の四冊にすぎない。

第二期は、学者ジャーナリストであった清水が、彼の思想の論理的必然性に素直にしたがって、運動の現場へ、ノメリこんでいく時期である。彼はすでに一九四九年初頭に出発した平和問題談話会の中心的人物の一人であり、全面講和論のイデイオローグとして東奔西走していた時期にあたる。その活躍にもかかわらず、サンフランシスコ講和条約が、安保条約とセットになった単独講和として締結されて以後、日教組は〝教え子を戦場へ送るな!〟というスローガンをかかげ、在日米軍基地反対の運動が全国各地へ拡がっていく。教師と労働者、地域住民、学生が連帯して闘う基地反対の行動に、清水はいつか参加していく。

その間に朝鮮戦争が勃発し、追放解除、レッド・パージ、共産党弾在が強行されるが、ビキニの水爆実験を機に、五六年杉並に生まれた主婦による原水爆禁止の運動は、見る間に全国へ波及し、遠く海外の民衆をもとらえていった。基地反対、原水爆反対、戦争反対と末拡がりに拡大した平和運動の中で、清水の行動範囲は、国外にまで及んでいくのだが、ジャーナリズムは、その多忙な清水を追って、数々の実践的文章を活字ジャーナリズムのうえに定着させていった。

「運命の岐路に立ちて」(『朝日評論』二五・八)から以後「占領下の天皇」(『思想』二八・六)「私たちにも何事かは為しうる」(『世界』二八・六)「にも拘らず」(『世界』二八・七)「内灘」(『世界』二八・九)「内灘村長への手紙」(『世界』二八・十一)などの諸論稿を経て「現場を守ろう」(『世界』三〇・一)「ウチナー

ダとスナカーワ」（『中央公論』三二・四）へ到る著作活動があげられる。

　光文社、三〇年八月刊の『日本が私をつくる』などの標題にも見られるように、この時期の清水は、何とも颯爽とした平和運動家であり、同時に思想家でもあった。彼はたびたび、それらのエッセイの中で、政治の素人であり、現地の運動に仕える一学者として自らを規定しているが、ハタ目には玄人を越える一流の政治運動者として映っていた。類い稀なアジテーターであった。だからこそ。彼の基地反対運動における社会党批判に対して、社会党政策審議会の名で、向坂逸郎が反論を書かざるをえないようなことになったのである。

　第三期は、これらの運動、これらの表現の帰結として、当然、遭遇せざるをえない「六〇年安保反対闘争」期における氏の「言論」と「行動」である。かの有名な、戦略と戦術を串ざしにした原理的かつ実践的論稿であった「今こそ国会へ—請願のすすめ」（『世界』三五・九）は、噴出する大衆のエネルギーを組織しえずに、大衆デモの爆発的な力を「流れ解散」させることにのみ配慮した指導部に不満をもっていた運動者たちの具体的指針となった。

　私は編集者としては、この時期の清水と殆ど往来はなかったのだが、「安保戦争の不幸な主役」（『中央公論』三五・九）の中で清水が主張する「安採反対の論理」は、出版労協の反主流派であった平凡社労組の委員長としての私には、「市民派」＝「五・一九派」＝「民主主義擁護派」よりもハルカに近いものをもっていた。仕事の上では離れていたが、運動の論理のうえでは、相変わらず、清水に近いところにいたというのがいつわらぬ実感であった。

　この後も、清水は「平和運動の国籍」（『中央公論』三七・十）など時論風なエッセイを書いてはいるが、以上の三期にくらべれば問題にならないくらいの量であり、戦後ジャーナリズム史上における〝清水幾太郎とその時代〟は、「不幸な主役」をもって一つの終焉をむかえるのである。

私が一つのというのは、冒頭に書いたように、旧い〝その時代〟とは異質な新しい〝その時代〟の可能性が存在するからであり、終焉というのは、私の評価でもあるが、氏自身のまた評価でもある。氏は「戦後史をどう見るか」(『諸君』四四・七＝創刊号)のなかでこう述べている。「普通の国民にとっては〝もはや戦後ではない〟の頃から戦後は終り始めたわけですが、思想に深く関係してきた人たちの多くにとっては、安保闘争の敗北でようやく戦後が終ったとも言えるでしょう。私などもその方です……」と。

だから清水における「一つの終焉」とは、いわば「戦後の終焉」でもあった。そして清水における戦後思想と戦後実践は、六〇年安保闘争の終結と共に終わったようである。そして約十年にわたる学究生活を経て、その陣容をたて直して、再びジャーナリズムのうえにカムバックする気配がいま濃厚なのである。あの嵐のような七〇年安保を中心とする学園闘争、街頭闘争、ベトナム反戦闘争の間を、羽仁五郎の〝奇跡の復活〟を横目に見ながら身じろぎもせずに耐えて、その嵐が吹きやんで学園が「正常化」し、日中国交が「正常化」し、高度成長のウミも出つくし、資源の危機が、人類の危機がマスコミを賑わし始めた頃、「現代思想家」として、ゆったりとその腰を上げ始めたというわけである。二度と、二期、三期で目にあったような愚を清水は繰り返すまいと思っているのであろう。私にはそう思える。つまり「現代思想家」として氏の現場を立派に守りきるにちがいあるまい。

私は〝その時代〟をふり返りながら、今、懐しさだけがせり上げてきてしまう。清水が六〇年安保の終結以後、書斎にひっこんだとか、転向したとかいう評判——いや、不評といった方が当たっているだろう——を聞いても、なおかつ、私には懐しさの方が先行する。いいではないか、〝清水には清水の道がある〟そう思えてくる。責めたり、怒ったりする気は少しも起こらない。

彼は「戦後史をどう見るか」のなかで「遠い昔の

摂理の観念、自由放任の思想、マルクス主義、アナーキズムなどを考えて見ると……神の愛、予定調和、歴史法則、人間性というようなものに、人間はどこかで未来を預けていた。現在の生活の苦しみから脱け出ることが問題であった時代は、それでよかったのでしょう。しかし、肝腎の未来の生活への不安ということになると、もう前のような伝統的方法は役に立たない。神もなく法則もない世界で、人間自身が自力で未来を構成するというか、デザインするというか、否応なしに、そういう立場へ進まねばならないでしょう。……」と語っている。

私は、相変わらず旨いことをいうと思う。ウナってしまう。その説得力は相も変わらず大したものだと思う。

サンフランシスコ講和から六〇年安保にいたる間でも、何回もウナらされた。「現場を守ろう」も「今こそ国会へ」でも、実に適切なときに、実に時宜に応じた発言をしているのである。しかし、清水は、その時代の文章は、「半分しか私のものではなかった」と述懐している（『人間を考える』〝あとがき〟）。政治の素人であった清水が、政治のメカニズムと、政治の玄人の中でモミクチャにされて、半分はちがう自分を、そこにつけ加えなければならなかったと告白しているのである。

私はこの「清水幾太郎の弁明」を怒ってもいい。「半分しか」といわずに「半分は自分のものである」となぜいわないのかとナジってもいい。しかし、と私は考えてしまう。八・一五でワーワーと泣き、六〇年安保の闘争が少しも「絶対阻止」などではなく、既成政党・既成組織には、この「絶対阻止闘争」の他に、組織強化、組織拡大という別の目的があったと憤激した清水の告白を、できるだけ素直にとって見たいと思う。私だって、そういう反応を、八・一五でも安保でも、同じようにしてきたではないかと思うからである。

しかし、清水さんと私はいいたい。八・一五でも、安保でも清水さんは慣れないものにノメリこんだのだが、今度はそういうわけにはいかないと。私は、一期と二期、三期を結ぶものは「庶民」だったと思うのである。それを氏は懐しいという。いや、それまでの五年間の仕事を懐しいという。それは八・一五から六〇年安保までを、一くくりにした「戦後」と見ずに、敗戦後の「五年間」を別建てにしているということではないのだろうか。つまり、そのあたりから「戦後史」のレールがグングン当初の軌道からそれていったのではあるまいか。

清水さん(心やすだてにこう呼ばしていただきたい)、「庶民」を今度、あらためて読み直してみて、現在の私のジャーナリズム論はもちろんのこと、それ以後の編集者としての私の仕事の一つの原点がここにあったのかと、今更ながらに驚いているのである。ちょっと、引用して見る。清水さんはその中で、

「国民・臣民・人民を、庶民に加えられた抽象の産物だとさえ考えられる」とし、「庶民は、無理をせぬ、背伸びをせぬ、正直な、日常の人間の姿」であり、「私的性格、日常性への没頭、意志でなく感情に生きる人びと、直接的接触の世界を彼らの天地として生きる人びと…」等々と規定づけ、これらの庶民は歴史の中で無視されつづけ、現在もまたそうであり、忘れられていると説く。そして「あらためて日本の中に、吾々の間に、庶民を見出し、その願望のうちに価値を、その経験のうちに方法を発見するとき、吾々は相共に新しい平面へ這ひ上ることができるのであろう」と(傍点引用者)。

ここで清水さんは、日本の大衆=庶民を分析しながら、相共に新しい平面へ這ひ上ることを示唆し、しかも、吾々の間に庶民を見出し、そこから相共に這ひ上ると説いたのである。そしてこの文章を懐しいといわれる。それは、未だに共感するものがあるということであろうし、ここでは「半分しか」とはいっていない。

清水さんは現在を「未来の生活への不安」の時代だという。なるほどと思う。しかし、その不安は決して「庶民」のものではない。そんなことはトックに気づかれているかも知れないが、もし、そうならば、遠く視線を未来にとどかせながらも、現在にあ

くせくする「庶民」と相共に考えていただきたいと私は思う。「庶民」はいつも「現在の不安」のなかでしか「未来」も考えられない。いや、「未来の不安」の方は書斎で考えていただいて、「現在の不安」の方をこそジャーナリズムの現場で相共に考えていただきたい。現在の大企業はいつか「大文明評論家」になってしまった。その「文明批評」のかげで、今日の大利益をあげ、「庶民」は、相変わらず、忘れられ、あくせくしているのである。

（雑誌編集者）

（「思想の科学」一九七四年九月発行〈戦後の思想家〉掲載）

# 社会学における歴史と人間

〈対談〉

高橋　徹（東京大学助教授）
清水幾太郎（第36巻責任編集）

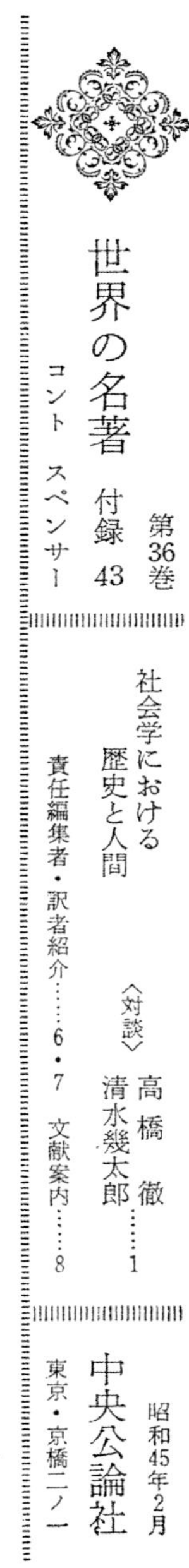
世界の名著 第36巻 付録43
コント スペンサー

中央公論社 昭和45年2月
東京・京橋二ノ一

# 社会学における歴史と人間

〈対談〉

高橋 徹（東京大学助教授）
清水幾太郎（第36巻責任編集）

## 『社会学批判序説』とコント

**高橋** 私たちのように、戦時中に社会学の訓練を受け、戦後、自前の研究を始めた世代は、多かれ少なかれ、清水先生に対して、複雑な感情的コンプレックスを持っています（笑）。

**清水** これは、おだやかではありませんね。

**高橋** 先生が一九三〇年代初頭に書かれた『社会学批判序説』（昭8）や『社会と個人——社会学成立史』（昭10）を通して、私たちは社会学の基本性格を学んだわけですが、ここに描かれた社会学は、きわめてネガティヴなものでした。この受けとり方は、私だけでなく日高六郎さんにしてもそのようですし、さらには、社会学に進む意志を持ちながら、あれを読んでやめてしまった小田切秀雄さんの例もあります。いずれにしましても、私たちは社会学の内容についての十分な習得を行なう以前に、先生の両著によって、社会学という学問に対するイデオロギー批判の面を強烈に焼きつけられた感じがします。ところが戦後になりますと、『社会学講義』（昭23）や『社会心理学』（昭26）を出版され、従来ネガティヴに語られていた社会学のなかのポジティヴな面を復権されました。これは、行動科学的方法と歴史主義的方法の統合という課題を担って自前の社会学研究を始めた者にとって、実に大きな導きの糸でした。

**清水** これは、どうも。

**高橋** ですから、清水先生に対して、私たちは、きわめてアンビヴァレントな感情を抱き続けてきたわけです。

ところで、社会学批判といっても、それはコム・アカ流の単純な全称否定ではなく、「然り、而して否」という弁証法的思考が貫かれていたと思います。つまり、あの当時は、先生だけではなく、早瀬利雄先生、少し後になって戸坂潤さんなどの方々が、ブルジョワ社会学批判を通して、科学的社会学を作り出そうという意図を持っていらっしゃったんだと思うのです。ということは、ただ単純なネガティヴィズムで、ああいうイデオロギー批判を行なわれたわけではないと思うんですが、そのへんのことを少しお話しいただけますか。

**清水**　そうですね……。いや、もう少し話してください。

**高橋**　今度の『コント　スペンサー』の「解説」を拝見しますと、あの時代の日本の社会学に対しては、「対訳辞書時代、つまり欧米におけるものを、そのまま日本語に翻訳し直しているようなものが多い」、社会学は「現実科学であるべきで、日本の現状分析に手を染めなければならない」という批判や要請があったようですね。これに対して、一方では、日本主義的社会学をうち立てていく方向が生まれると同時に、他方、理論的反省やイデオロギー性の自省を欠いた足で稼ぐ社会学、つまり「魂のない社会学」のハシリみたいなものも定着し始めていったんじゃないかと思うのです。そういう傾向があるなかで、先生は日本社会学の自意識を究明するためにも、社会学の原点とは何か、という問いかけを行なわれたと思うわけですけれども……。

**清水**　大学在学中の自分を振り返ると、昭和三（一九二八）年から六年までですが、時代の興味か、僕の興味かしれませんが、結局、二つの関心がありました。一つは、歴史哲学、つまり歴史への関心です。自分の時代を歴史という時間的連続性のなかにどう位置づけるかという問題です。現代的関心と言いかえても、そう間違いないと思います。もう一つは、歴史によって作られ、歴史を作っていくはずの、しかし弱い人間――そういう人間への関心。「解説」でも、どうしてコントの勉強を始めたかは多少書いたのですが、コントにも、歴史的な平面と人間的自然の平面との両方があって、それが僕には魅力だったのでしょう。当時の日本社会の不安定という事実、したがって、マルクス主義の魅力とも重なり合っていますね。『社会学批判序説』の狙いは、歴史的関心のなかで現代的でありたい、また、かぼそいながら政治的でありたい――そういう気持で、コントを通して社会学を考え直そうとしたわけですが、そのため、図らずも、恨まれるような本になったんでしょう。ただ、僕らはマルクス主義の影響を正面から受けた時代の人間であるとはいえ、その前にアナーキズムの影響があった点が、その後の純粋にマルクス主義だけの人たちとの著しい違いです。やや早熟だった僕は、中学時代に大杉栄などを読んでいました。アナーキズムの世界は、自由な人間の作った自由な集団が関係し合う社会ですね。階級、国家、民族などが特定の高い地位に立たず、いろいろな集団がバラバラにあって、それぞれ自由な関係を保つという、のんびりした世界です。そのアナーキズムの社会学版が、多元的な社会観、国家観、政治観でしょう。アナーキズムの空気を吸った人間には、多元的な社会観のほうが受け容れやすい。マルクス主義、当時のスターリン主義には、息苦しいところがあり、これを正面から受け容れる気分にはなれませんでした。

対談中の高橋徹氏（左）と清水幾太郎氏

**高橋**　アナルシスムへの傾斜があって、フランスを選ぶと、フーリエ、プルードンあたりにいきはしないか、それがコントを選ばれたのは……。

**清水**　コントは社会学の祖先だという、非常に単純なことです。時代にしても、コントはマルクスとそう違わない時代を生きている。また似たような問題を違った角度で取り扱っている。僕は、中学三年のとき以来、社会学を勉強しようと思っていたので、マルクス主義、スターリン主義が社会学に与えている乱暴な評価から、なんとか社会学を救出したいといういじらしい気持もあり、コントという回り道をしていくと、社会学を救出できそうだと思ったんですね。とにかく、コントの学説などは、研究室でアカデミックな問題として研究していたら、きっとよかったんでしょうね。しかし、中途半端になっちゃって、それだけに見残した夢みたいな感じが今もしています。

## 人間への関心

**清水**　大学を卒業して二年後に研究室と縁が切れると、食いつないでいく必要から、アルバイトとして、アメリカにおける児童研究（チャイルド・スタディ）の成果を日本の社会や家庭に紹介する仕事をすることになりました。戦後、スポック博士などの著書を中心に、科学的な形をとった育児ブームがあったのと少し似た状況が、昭和十年前後にあったんです。僕はまだ子供を持っていなかったのですが、子供の叱（しか）り方とかおもちゃの与え方とか、アメリカの文献による勉強をしているうちに、戸田（貞三）先生――アメリカ社会学を日本へ移植した先覚者だと思う――の下で勉強した者としてはたいへんに遅いのですが、アメリカの心理学、社会心理学、社会学、哲学などに触れるようになったんです。特殊な関心を持っていない人には退屈なアメリカ社会学の文献ですが、僕がそれをいろいろ読んだのは、後から考えると、社会学として勉強したのじゃなくて、一種の人間論研究ですね。アメリカの学問を通して、僕は人間論へ動いていった。同時に、当時の僕はジャーナリストで、アクチュアルな問題について書くのが仕事でした。猛烈な言論統制の下で書くとなると、マルクス主義の道具だてでは使えないし、それと、僕自身の人間に対する興味が支えになって、人間論的な社会批評とか社会評論とかをやるようになった。『流言蜚語（ひご）』（昭12）や『社会的人間論』（昭15）を書き、それで戦争に入るわけです。戦後、最初に書いたのは『社会学講義』だったでしょうか。

**高橋**　先生の思想のなかに流れている歴史的方法と人間的自然との出会いをうかがったわけで、その最初の結実が『社会的人間論』ですね。さて、ちょっと戻（もと）りますが、先生が全く語っていらっしゃらないのでお聞きします。先生がコントにとりつかれていた当時の東京帝国大学社会学科の主任教授は戸田貞三先生でしたが、その前にいらしたのが建部遯吾（たけべとんご）先生で、この先生は、「西にコントあり、東に遯吾あり」とおっしゃったくらい「東のコント」を自認なさっていました。有賀長雄先生がスペンサーに乗っかって日本で初めて体系的社会学を展開なさったのに対して、コントに乗っかって壮大な体系をお作りになった。清水先生はいたるところで、東京帝国大学の研究環境が官僚主義的だったとおっしゃっていますが、そういう雰囲気（ふんいき）と同時に、遯吾社会学の壮大な体系、そしてそれを金科玉条とする精神的雰囲気があったのじゃないかと思うのです。それとコントをおやりになった先生と、どこでどう交差するのでしょう。

**清水**　僕らは建部先生の講義に接したことはないのですが、噂(うわさ)だけは残っておりましたね。けれども、建部先生のいろいろな仕事は、溝(みぞ)の向こう側にあって、僕らとは縁がないという感じを持っていました。溝のこっち岸に新しい時代を作ったのが高田保馬先生。高田先生で時代がぐるりと変わった。一本の線が引かれていて、建部先生はその向こうにいた。当時でも、博物館的な存在でしたね。ですから、失礼ですけれども、まともに読んだのは、後年、日本社会学の歴史的研究を手がけたときです。

## 科学としての社会学

**高橋**　アーノルド・ローズという社会学史家によると、社会学は初期においては社会問題的(ソーシャル・プロブレムス)アプローチをとっている。次いで、それに対する反動として純粋科学的(ピュア・サイエンティフィック)アプローチの方向が出てきた、つまり、純粋科学化と言いますか、精密科学化と言いますか、そんな傾向ですね。

**清水**　それは、どのへんから始まるのですか。

**高橋**　おそらく今世紀初頭だと思います。これは少し後になるかもしれませんが、たとえばチューピンのように、自然科学としての社会学という形で、いわば自然科学をモデルにした社会学の学問構成を考えていく。すると社会学は、厳密な科学的方法を備えて社会諸科学のなかに一市民権を獲得すると同時に、かつて持っていたロマンティシズム、あるいは、はやりにはやった現実への関心や情念とか、いわば科学が哲学や文学と未分化だった時代に持っていた面白さがなくなった、とローズは言っています。先生がコントに非常に興味を持たれたのは、彼の人間に対してと同時に、彼の理論体系のなかにある未分化なもの、それらが渾然(こんぜん)と混じり合って、しかも気宇広大なところに、つまりコントの長所も欠陥もすべてひっくるめて魅力を感じられたからではないでしょうか。

**清水**　実際、そうですね。

**高橋**　日本の社会主義も、明治期、とくに明治三十年代頃までのそれは、高い倫理性への志向を持っていた。つまり社会主義それ自身が、倫理的な基盤の上で考えられていた。そこでは社会学も、たとえば片山潜あるいは岸本能夫太にしても、社会有機体論をとりながらも倫理的な基盤を非常に強く持っていた。ところが高田先生を境に、日本社会学も科学としての方向をとるわけで、同時

**責任編集者紹介**

**清水幾太郎**（しみずいくたろう）

明治四十年、東京に生まれる。昭和六年、東京帝国大学文学部社会学科を卒業。社会学、哲学を専攻。フリーのジャーナリストを経て、昭和十六年、読売新聞論説委員、同二十年辞職。同二十一年、財団法人・二十世紀研究所を設立（現在同所長）。昭和二十二年、東北大学法文学部講師、同二十四年、学習院大学教授、同四十四年辞職。以後、清水幾太郎研究室を主宰して現在に至る。文学博士。著書に『社会学批判序説』（理想社・昭8）『社会と個人――社会学成立史』（刀江書院・昭10）『日本文化形態論』（サイレン社・昭11）『流言蜚語』（日本評論社・昭12、岩波書店・昭44）『社会的人間論』（河出書房・昭15、角川文庫・昭44）『社会学講義』（白日書院・昭23、岩波書店・昭25）『ジャーナリズム』（岩波新書・昭24）『愛国心』（岩波新書・昭25）『社会心理学』（岩波全書・昭26）『社会学入門』（光文社・昭34）『現代思想』上下（岩波全書・昭41）など。訳書にカー『新しい社会』（岩波新書・昭28）トロツキー『スペイン革命と人民戦線』（共訳、現代思潮社・昭38）ボールディング『二十世紀の意味』（岩波新書・昭42）など。

に、かつて持っていた現実の社会問題解決や人間救済の関心とか、あるドロドロした情念が失われていってしまった。こうした傾向のなかで、実証主義としての社会学の確立が、東京帝国大学を中心にして図られることになった……。

**清水**　そうでしょうね。

**高橋**　そこで、先生がコントに託して憤懣（ふんまん）をぶちまけられたなかに、当時の日本社会学の非常に性急な精密科学化への抵抗を読みとっては、過ぎますか。

**清水**　生意気な話ですが、高等学校や大学の頃の僕は、日本の誰が何をやっているかに興味がなかった。それと、お話の精密科学化はどうでしょう。当時は、まだ大したことはなかったのじゃありませんか。自ら顧みてよくなかったと思いますが、僕は、高田先生の場合も、文献の所在を知る手掛りとしてしか読んでいないのです。どちらかというと、ドイツの形式社会学を割合よく読み、ジンメルなんかにたいへん興味を持っていました。あれは、たいへん厳密なようなポーズを作っているけれど、いっこうにそうじゃない。どうして、とても人間臭い。一種の人間論で、文学に近いものが多く、僕は、人間に対する行き届いた理解を、ジンメルを中心とする形式社会学のなかに強く感じていました。

**高橋**　さきのローズによると、さらに第三の反動が生まれます。社会学は一九三〇年代、価値（ヴァリュー）の問題に直面せざるを得なくなり、その多元性を正面に据（す）える文化人類学が現われ、それぞれの文化様式の独自性、その文化における価値基準の独自性を問題にする。つまり相対化が始まってくる。しかし、あらゆる国や文化が相対的に独自の規範や基準を持つと、はたして絶対的基準とか絶対的真理とは何かという問題が出てくる。ここでふたたび、コントの問題意識に戻ってしまいます。つまり、かつては人類があったし、進歩の理念などがあって、ある種の調和的統一が前提とされていた。ところが非常に相対化の進んだ現在では、これがなくなってきている。要するに、精密科学化の方向に進んできた学問が、ふたたび歴史哲学なり社会哲学なりを想像しなければならないのだろうか、と。

**清水**　それは面白い。重大な問題ですね。僕は、社会学を精密化するとき、これを大きく捉えると、十七世紀以来の数学的物理学の線へ近づけようとする努力だと思います。さしあたっては、十九世紀後半以降の経済学の発展をモデルにしているように思います。経済学の場合、需要供給を根本原理とする価格機構が、ある程度まで実際に与えられ、それを中心に、あるいは基礎に、一つのフォーマルな体系ができています。その最高の成果の一つが一般均衡理論だと思いますが、あれを作る場合、社会生活や人間生活のなかの、実にたくさんのドロドロした要素を捨てて身軽になっているのです。政治学も同じでしょうが、経済学が捨てたものを、社会学は被っているわけですよ。それにもかかわらず、数学的物理学のように自分の学問を仕立て上げる憧れとか意欲とかは絶えないし、それはそれで、学問発展のための努力で

訳者紹介

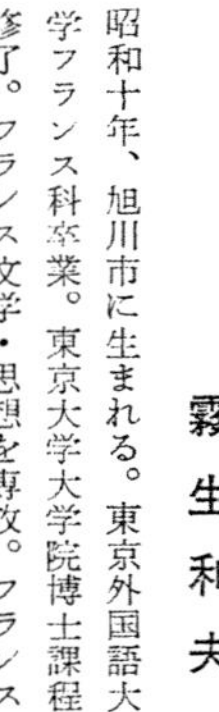

**霧生和夫**

昭和十年、旭川市に生まれる。東京外国語大学フランス科卒業。東京大学大学院博士課程修了。フランス文学・思想を専攻。フランス政府給費留学生として二年間パリ大学文学部に在籍。現在、埼玉大学教養学部助教授。論文に「バルザックとコント」「バルザックの作中人物」「サルトルと学生たち」「レジャー論の新しい展開」、訳書にミシェル『地下抵抗運動』バルザック『Z・マルカス』など。

**清水禮子**

昭和十年、東京に生まれる。東京大学文学部哲学科卒業。同大学院博士課程修了。近世哲学を専攻。現在、埼玉大学教養部講師。論文に「スピノザの『知性改善論』について」「スピノザの『短論文』について」「スピノザにおける『理性』の成立」「理性の時代」、訳書にドーソン『社会科学におけるシミュレーション』(共訳) デューウィ『哲学の改造』(共訳) ヴェーバー『職業としての政治』など。

あり得るでしょう。その反面、人間を取り扱ういろいろな学問領域に同じような傾向が見られ、Aという科学がスマートになるために捨てて、Bという科学へ投げ込んだ非合理的要素、Bがスマートになるために、それがBからも追われる……となると、人生はどうなるんでしょうね。人生は科学ではないのですから。普通の人は学者ではない。いろいろな科学から捨てられた塵芥（じんかい）と泥（どろ）のなかでアップアップしている。学問のフォーマリズムが進むと、恨みのこもった残余はどんどんふえる。今、かなりふえています。だから、社会学をフォーマルに発展させる人がいてもいいが、捨てられた残余を引き受けて、その重みに耐え、そのなかに入っていく——そういうことをやる社会学があってもいいですね。

**高橋**　かつて私との会話のなかで、先生は、捨てられた残余のことを、ノーマティヴという言葉でおっしゃいましたね。そして、道徳学や倫理学までがフォーマリズムの方向をたどっている現在、そこからこぼれ落ちるノーマティヴなものを拾っているのは誰かという私の質問に、「それはテクノクラートのポケットのなかに入っている」と答えられて、ショックを受けたことを思い出します。そこでまたコントですが、アナルシスムに立った自己管

## 文献案内

コント、スペンサーの翻訳書・参考書のなかから、主なものを選びました。
＊印は比較的入手しやすい本。

### I　翻訳

〈コント〉

石川三四郎訳『実証哲学』〈上・下〉（リゴラージュによる要約版の翻訳）「世界大思想全集」第25・26巻　春秋社（上・昭3、下・昭6）

飛澤謙一訳『社会再組織の科学的基礎』　岩波文庫（昭12）

田邊壽利訳『実証的精神論』　岩波文庫（昭13）

土屋文吾訳『社会再組織に必要な科学的工作案』「世界大思想全集」社会・宗教・科学思想篇　第9巻所収　河出書房（昭35）

土屋文吾訳『科学および科学者に関する省察』「世界大思想全集」社会・宗教・科学思想篇　第9巻所収　河出書房（昭35）

飛澤謙一訳『実証精神論』「世界大思想全集」社会・宗教・科学思想篇　第9巻所収　河出書房（昭35）
「世界思想教養全集」第10巻所収　河出書房新社（昭39）

〈スペンサー〉

尺振八訳『斯氏教育論』　文部省（明13）
＊「明治文化全集」第18巻（教育篇）所収　日本評論社（昭3、新版・昭42）

松島剛訳『社会平権論』　報告堂（明14）

理の問題と、コントが構想したソシオクラートの問題、さらに共同管理の問題などは、現代的関心から言っても価値が大きいと思います。その意味で、『実証政治体系』のソシオクラートの部分が、今回収録されなかったのが惜しまれますが、いかがでしょうか。

**清水**　そうですね。適当な分量のものがなくて、どうにもならず、前期の著作が中心になってしまいました。

## 未来学とコントの「予見」

**高橋**　コントと言えば、その名とともに「予見せんがために見る（ヴォアール・プール・プレヴォアール）」という、スローガン的な言葉を思い出します。その内容について、先生は、コントの場合、「見る」ことのなかに「エクストラポレーション」――「外挿法（がいそうほう）」と訳しましょうか――、そういうものが、当然、認識構造の仕組としてある、とおっしゃっていますね。この問題は、現在の関心から言えば、「予見せんがために見る」学問としての未来学に関わりましょう。ダニエル・ベルという未来学者も、そういったコントの予測（プレディクション）の問題、あるいは現実観察の問題と、未来学とを関係づけているようですが、コントの言葉と現在の未来学との関係について、どのようにお考えでしょうか。

---


*「明治文化全集」第2巻（自由民権篇）所収　日本評論社（昭2、新版・昭42）
澤田謙訳『第一原理』「世界大思想全集」第28巻　春秋社（昭2）
堀秀彦訳『教育論』「世界大思想全集」社会・宗教・科学思想篇　第9巻所収　河出書房（昭35）

Ⅱ　参考書

〈コント〉
清水幾太郎『社会学批判序説』　理想社（昭8）
新明正道『オーギュスト・コント』　三省堂（昭10）
田邊壽利『コント　実証哲学』「大思想文庫」　岩波書店（昭10）
本田喜代治『コント研究』　芝書店（昭10）
*「本田喜代治フランス社会思想研究」第2巻　法政大学出版局（昭43）
清水幾太郎『社会学講義』　白日書院（昭23）　*岩波書店（昭25）
*新明正道『社会学史概説』　岩波全書（昭29）
清水幾太郎『社会学入門』「カッパ・ブックス」　光文社（昭34）
*ミル『自伝』朱牟田夏雄訳　岩波文庫（昭35）
〈スペンサー〉
中島重『スペンサー』　三省堂（昭10）
清水幾太郎『日本文化形態論』　サイレン社（昭11）

**清水**　コントの「見る」は「過去を見る」ということで、過去を見て、そこに認められる方向を未来へ延長するのが「予見」です。だからエクストラポレーションになるわけですが、コントは、過去にたいへん重点を置いているように思います。かなり価値的な意味も含めて。過去に対する非常な尊敬、これは啓蒙主義との決定的な違いですね。過去を塵芥のように取り扱った啓蒙思想とは違って、コントは、過去に非常に高い尊敬を払い、その遺産を継承し、発展させるという形で未来を予測する、どうもそういう態度が強かったように思うのです。最近、未来論や未来学と言いますが、どうも足元から鳥が飛び立つように、現在から始まって未来へ向かっている。過去に対する尊敬というよりは、むしろ蔑視がかなり顕著で、技術革新をベースにして現在から未来へ新たなる時代を構想する。だから、歴史に与える重みが、コントとはたいへん違うと思います。コントはデカルトを非常に尊敬していたし、デカルトの伝統を継承する者は自分だ、という自負を持っていた。しかしデカルトは、数学ないし物理学を学問のモデルにし、歴史を軽視したんですね。彼は、歴史を学問だとは考えなかった。その意味で、デカルトは、十八世紀の歴史蔑視の時代に責任があると思います。そういうデカルト主義に対して、コントは徹底的な批判をしたんじゃないか。最も勇敢な反デカルト主義者はヴィコでしょうが、コントはヴィコとは違った形でデカルト主義に挑戦した。そして、歴史の重みと意味を回復して、それに基づいて未来を考える、そういうことだったと思います。今の未来学は、一種のデカルト主義に似たところがあって、歴史の重みや意味を正しく受けとる態度に欠けているのではないでしょうか。僕は、現在のデカルト的思想に対する批判、一種の反デカルト的思想が出てきてもいいだろう、と思いますね。

## 原点への回帰

**高橋**　実は私、日本の社会学の原点を探る作業を数年前にやりました。最初に申し上げた、清水先生に対する一種の怨念を晴らそうという気持から(笑)。先生は、社会学は十八世紀中葉における人間的自然の理論から出たのではなく、当時、勃興期にあったブルジョワジーの、社会原子論を否定した形での社会有機体論の上に成立したとされ、日本における社会学も、自由民権運動におけるスペンサーの自然法的社会理論の側面においてではなく、国権論におけるスペンサーの社会有機体的側面において成立したとされていますね。つまり日本の社会学は、スペンサーにおける二つの魂——アトミズムとオルガノルギー——のうちのオルガノルギーの上に成立した、と。それが、私たちに、日本社会学の原点に対する幻滅感を抱かせました。しかし、これは先生のスペンサー読み過ぎじゃないかと思うんです。明治二十年までの日本におけるスペンサーは、一つの魂だったのではないでしょうか。

**清水**　どっちの魂ですか。

**高橋**　アトミズム——レッセ・フェールの。あの『社会平権論』(明14)のなかでもスペンサーは、非常にはっきりと国家干渉を排除し、市民はそれに対抗しなければならないと、素朴な形ではあるが、抵抗権のようなものを主張しています。しかも日本におけるスペンサーの思想は、自由民権運動のなかで、運動を指導する政治思想として機能すると同時に、その運動が究明した一箇の社会理論でもあった。したがって、日本社会学は、自由民権運動——未発に終わり、途中で挫折したとはいえ——のなかに成立の根基を持っているのではないか、というわけです。当世風に言えば、「社会計画や決定の社会学」ではなくて、「異議申し立ての社会学」が明治初期にあったというわけです……。社会学史家の下出隼吉さんの後、清水先生が日本社会学原点の確定をされ、非常に決定的な結論を出され、二十数年間、清水学説が日本社会学の常識になっているんですけれども……。

**清水**　あれは、うまく分け過ぎているんですね。自分でも、そう思っています。希望的観測も少し入ったかな。

**高橋**　ところで、アメリカ理論社会学の一方の雄としてのロバート・K・マートンが、彼の書物の開巻第一ページにホワイトヘッドの言葉を引いています。「あらゆる学問において、その創始者の名前を忘れかねている学問は大成しない」。今回、先生は社会学の創始者たちの作品を翻訳して出されるわけですが……。

**清水**　さあ、ちょっと忘れ過ぎているような感じもしますね。

　ボールディングが、「今、ニュートンが生き返ってきても現代の物理学は理解できないだろうが、アダム・スミスなら現在の経済学を理解できるだろう」という意味のことを言っています。ボールディングは、物理学の進歩を帰納法の成果、経済学の停滞を演繹法の結果と考えているんです。コントはコントなりに、スペンサーはスペンサーなりに、社会生活に対する関心とか観察とかを大切にしているような気がする。社会生活とは、人間が喜びや悲しみを抱きながら、必ずしも気の合わない人間と二人三脚みたいに生きていくことだと思うのだけれど、それに生き生きした興味を持たずに社会学を勉強するというのは、どうでしょう。

こういう古風なもののなかから、現在も学ぶべきものがあるのではないか……。「世界の名著」全体がそうでしょうが、この巻も、とかく失われがちな現実的関心を、もう一度、現代の学問のなかに甦（よみがえ）らせるという趣旨には、よく合っているでしょう。

（昭和四十五年一月九日　虎ノ門「福田家」にて）

■ 編集室だより

□第四十三回配本『コント　スペンサー』をお届けいたします。清水幾太郎先生の編集と解説を得た本巻は、的確な翻訳によって、実証主義者コントと進化論者スペンサーの思想を甦らせ、現代社会学を影響下に収める両者の祖業を明らかにしました。

□河崎邦人氏に提供していただいた口絵の原色写真は、「六八年五月」以後のソルボンヌを伝える、ごく最近の撮影になるものです。

□編集・校正面の調整のため、三月の配本は休ませていただきます。ご了承ください。

# 清水幾太郎＝政治との距離

〈対談〉

鶴見俊輔
清水幾太郎

## 語り手の横顔

一九〇七年、東京にうまれる。独逸協会中学から東京高校を経て東大文学部社会学科を卒業。

読売新聞論説委員をつとめた後、敗戦の翌年「二十世紀研究所」を創立し、所長となる。一九四九年、平和問題談話会の発足にあたってその中心となって、全面講和のための論陣をはった。一九五二年の片面講和成立の後には、基地反対闘争のために力をつくした。

一九六〇年の安保闘争にさいして、全学連につよい共感をもって行動。

新安保の成立以後、「現代思想研究会」を組織して新左翼形成の方向をさぐった。一九六二年ころから、研究活動に専念。

一九六八年の「新しき歴史観への出発」という論文でロストウの経済成長段階理論を支持して新しい立場に移り、さまざまの連鎖反応をひきおこした。

主著は、戦前に『流言蜚語』、『社会と個人』、戦後に『社会心理学』、『現代思想』。

## 一　東京とともにほろびよう

**鶴見**　戦争が終ったときはどこにおられましたか？

**清水**　ずっと東京です。ぼくはほかにいくところはないから……代々の江戸っ子だからどう考えても、東京の外へ飛びだすことは考えられなかったし、それに少々センチメンタルだったんだなあ、東京が全部ほろびてしまうならば一緒に死んじゃたっていいだろうという気もあったし……。

**鶴見**　大震災のことをよく書かれましたけれど、あのときと似たような、何か自分の中に入ってくるようなものが、やはり空襲にもありましたか。

**清水**　ありませんね。ぼくにとっては大震災の方がずっと……まあ若かったせいもあるでしょうがね。

**鶴見**　いま憶いだしたんだけど、ピリニヤクの『オーケー』という本があるでしょ。あれを戦争中読まれて何か書かれたんじゃなかった？

**清水**　いやあ、よく憶えててくれたなあ、ぼくも忘れてた。そうだったね。

**鶴見**　アメリカ観というのを研究しておられたでしょう。

**清水**　うん、それはどうかなあ。アメリカ観をもとうとしていたこともあったけれど、ピリニヤクをやったのは……ちょっと記憶がうすいけれど……それからシークフリートも書いたでしょ。

**鶴見**　そうでしたね。シークフリートの方は、アメリカ観としては戦後だいぶ援用されましたね。アメリカ観というのは、私は、自分の戦後を考えてみたとき、いちばん失敗したというふうに考えているんですが……一昨日も、大学のときの友達がやってきたときもそう言ったんですが、アメリカはもう少しいいことをどんどんやってくれると思っていた。

清水さんのアメリカ観はどうですか。二〇世紀研究所を作られるときのビジョンの背景には、アメリカに対してもっているいろんな期待というものはなかったでしょうか。

**清水**　それは学生のころのことから言わなければいけないなあ。ぼくは、ご承知かも知れないけれど、非常にアブノーマルな語学教育を受けているんですよ。子供のときからドイツ語しか習っていない。高等学校に、ドイツ語で入学試験をうけてはいったのはぼくひとりなんです、英語は知らなかった。それが、英語を四年も五年もやった人と同じクラスに入れられちゃって、ラスキンの『胡麻と百合』なんかをいきなり読まされた。このままでは落第するというわけで、交渉すると、白紙でも及第点をくれるというんですね。それで安心して勉強しなかった。

そういうわけで、英米系の学問とは縁がうすい生活をしてきたわけです。

大学を昭和六年にでて八年に研究室をはなれて、無職になって筆一本で食べていくような生活になるんですが、そこでいろいろなアルバイトをした。その一つに〃子供の育てかた〃というのがあって、その頃、チャイルド・ケアーなんてのをまじめにやっていたのはアメリカだけだったでしょう、おそらく……それのパンフレットなんかもでてまして、それを日本の母親たちに知らせなければ、というようなわけで、ぼくは我流で英語をやったのですよ。子供のしかり方とかオモチャの与えかたとかで文章をかいて、そんなことで食いつないだこともあるんですよ。

そんなことをやってみると、子供の命は大切なんだから、当然そこには、むこうの生理学とか心理学の成果が集まってるわけです。科学的な成果というものだけでなく、人間というものに対するある観方というものがでてるんですね。そこで人間への眼が開かれたころがあります。それじゃあというので、生物学とか心理学とかを一生懸命になって読んでたわけね、その終点がデューイじゃないかな。いろいろな諸科学の中にあらわれている人間のつかみ方の一般理論として、ぼくには『人間性と行為』という本が現われてきた。

そういう中で、いろいろなアメリカに対する期待がでてきたんだけど、それとニューディールがばくぜんとながら重なるわけですね。ソビエト・コミュニズム、ナチのファシズム、日本の軍国主義というものの中でのニューディールですね。それと育児法からはじまるぼくの期待などがとけあって、ぼくの三〇年代というのは終りに近づくのではないですかね。

**鶴見**　ニューディールの中では〝よりよいアメリカ〟という考え方があると思うんですが、戦争が終ったときには、どういうふうに考えられましたか。

**清水**　そういう点では単純なんだな。言いかえれば、そういう思想的な問題というものと、国と国が戦って一方が勝ち一方が敗けるということとは、あまり関係がないことだと思うんですよ。戦争が終ったとき、万歳を叫んだとよく言うけど、ぼくはワァワァ泣いたなあ。

**鶴見**　そうですか、それはおもしろいですねえ。

**清水**　おもしろいかなあ、ぼくはちっともおもしろくない。

**鶴見**　私は無感動だったな。悲しくもうれしくもなかった。なんというか不愉快だった。それだけだった。

**清水**　それはまあ、いろんな事情がちがったでしょうから……

**鶴見**　そうですかねえ……。その悲しさというのは、日本が敗けたからですか？

**清水**　敗けたからっていうか、だって、あなたそう言うけどねえ、実にたくさん……ぼくはまあビルマに行ってますが、ぼくは一人の徴用員にすぎなかったけど、しかし、その前線と銃後をとわず、これだけ巨大な費えというか……いろんなものが全てむなしくなっていく……そのむなしさというのはぼくは子供じゃないんだから、はじめから知っていたんでしょ、その最後の計算をしなけりゃならないというのが敗戦ってことでしょ。

**鶴見**　財貨だけではなく人命だって……巨大な費え、むなしく滅びたという気持でしょうね。敗けたことがくやしいとかというのではない。だから、いろんな人の話に、これで日本がよくなるといって、喜びの声をあげたというのがあるし、そういう人がいるってことも可能だけれど、ぼくの場合はぜんぜん違っていた。

**清水**　いやあ、それは意外だ。やはりそれは清水さんのパースナリティの根源的なものでしょうね。

**鶴見**　根源的かどうかわからないけれど、実に自然なものでしたね。

## 二　二〇世紀研究所の歴史

**鶴見**　それから二〇世紀研究所を作ろうと考えられるまでには、いくらか時間的な距離がありますね。

**清水**　二〇世紀研究所が法的にも正式に発足するのは、昭和二一年二月二十八日です。

**鶴見**　ずいぶん早いですね。

あれは海軍に行っておられた仲間が主体ではなかったですか？　宮城音弥さんから聞いたんです

が、海軍のなにかの研究所に、中野好夫氏と清水さん宮城さんなどが、たくさん徴用されていて、そこで雑談してた仲間があって、その人たちがずっとひっぱっていたようなことでしたが……

**清水**　そうですか。まあ話をおもしろくするとそうなるのかな。あれは海軍の技術研究所でしょ。昭和二〇年の六月ごろかな、宮城君が、流言蜚語対策で困ってるらしいからこないかこないかというので——まあ、いま聞けばばかばかしい話だと思うでしょうが——行って、「流言蜚語防止の研究」という研究題目をもらっちゃったんだ。それで、研究と称して「そのいちばんいい方法は、戦争の真相を発表することである」という答えをだしたんだ。それがさきればお願いしませんと中将だかが言って大笑いしたことがあるんですが、そういうことで行ってみると、いろんな人がいましたねえ。中野好夫さんもいましたし、坂西志保、渡辺一夫、大河内一男……いわゆる文化人といわれる人は殆どみんなきていました。

そこで話がまとまったというよりは……話を逆にしちゃうと、そこへ来てた人というのは、日本の学問の方面の若手が殆ど網羅されていたわけよ。ですからそういう時期に、何か文化的な研究所をやろうとすれば、例えそこで知合いになっていなくても、結果は同じことになってたんじゃないですかねえ。

**鶴見**　人を集めたときの規準というか条件というのはどういうものだったのでか。

**清水**　なるべく景気がよくて、あまりブラないような、気楽に話ができるような……大変に非文化的、非学問的ですが……そんな人にしようと思いましたね、そして若い人。

**鶴見**　二〇世紀という名前はどこからおもいつかれたんですか。

私がはじめて清水さんのものを読んだのは戦前に二〇世紀思想叢書というのがあったでしょ。それに『プラグマティズム』という巻があって、それに清水さんと新明正道、今田恵、大道安次郎というような人が書いていた。F・C・S・シラーのことなんか書いておられなかったかしら。あまり人が書かないことを書いておられるので、私は愛読しましたよ。昭和十五年くらいかな。とにかくあのころの哲学の本で、わかることが書いてあるのは珍らしいんだ（笑）。影響を受けましたよ。

あの二〇世紀というのが頭の中にあったのですか。

**清水** いや、とにかく大きな名前をつけようというわけで、ふと、二〇世紀というのをおもいついたのです。

小樽に柳田国男さんと講演にいって〝二〇世紀研究所長〟という名刺をだしたら、「ああ梨のご研究ですか？」って言われた（笑）。そんなこともありましたよ。

**鶴見** そりゃあ、梨を作ることは、当時としては焦眉の急でしょ（笑）。

どういう構想をおもちでしたか？

**清水** いろいろと思っていたんですが、無責任な話だけどとにかくはハイカラなものにしたいと思いましたねえ。ハイカラというか、日本のアカデミズムの、昔からある陰気くさざなどは嫌でしたね。明るいものにできればと思っていましたよ。

**鶴見** 清水さんは文化学院で教えておられたことがあったでしょ、あの文化学院の空気と通じるところがあるかも知れませんね。

私は文化学院に、とてもいい印象をもっているのです。とにかくつぶされるところまでやったでしょう。ああいうところは買いますねえ。あんなのは好きだなあ。

**清水** 当時ぼくは読売新聞の論説委員でしたから、記者として、文化学院が潰されるという日の立合に行った記憶があります。

しかし、文化学院のイメージが研究所に通じているとは思われませんね。それよりも、日本を滅ぼしたのは東京帝国大学と陸軍大学であるという、戦争直後の空気が関連したのかどうか、いまから考えると不思議ですが、二〇世紀研究所には、ちゃんとした大人で、ちゃんとした学歴のある人がずいぶん来たんです。そんな時期がありましたね。

二つの面があったんだ。これは、なぜ研究所をやめることになったかということになるんだけど、一つは、はじめの資金が百万円で半分を手つかずの基金にして、あとの五〇万で運営していたんです。あのころはすごいインフレ時代で、十三人の事務員の給料だけでも大変だったんだけど、講師の先生がたには、当時としてはかなり多額のお礼をして、まあ盛会だったんですよ。そうしてるうち、白日書院から、諸先生の話を本にするということになって何冊か作った。それがわりに好評だったのです。その出版の出発には、印税の二割でしたかねえ、研究所に寄附していただくという約束があったのですが、そのうちにうんと売れると、研究所がピンハネをやって清水が私腹を肥やしているという人が現れてきたんですね。ぼくとしてはアップアップしながら、自分のポケットマネーをつぎ込んでやっと支えていたわけですから、それに仲間だと思っていた人にそんなふうに言われるということは少々つらすぎてね。いまなら、いや不徳のいたすところ、とかなんとかいって笑ってすませたんでしょうが、当時はもういや気がさしちゃって……。

もう一つは、聴講者がしだいにへっていったことですね。はじめのころは講習会的なものを開いて、おすなおすなの超満員だったのですが……。

**鶴見** いや、話の質も実によかったんじゃないですか。いま憶いだしたんだが、高見順の話はあそこで初めてききましたよ。それから花田清輝の話もそうでしたね。あそこにいかなければ聴けなかった。

**清水**　それがね、最後は専修大学の講堂だったな。よく憶えていますよ。申し込み者が三名くらいでね。もっともそれまでも申し込み者がそのくらいでも、当日になると何百人と集まることも珍らしくなかったわけで、いくらか多寡をくっていたんですが、当日になっても四人くらい。先生はもうきちゃってね、もうどうしようもなかった。それが最後。その時には管理人にたのんで人工的に停電にしてもらって、きりぬけた。

**鶴見**　いつごろですか。

**清水**　昭和二三年ころですね。

**鶴見**　そうでしたか。それは上ったり下ったりの時代だから、カヌーだったら切り抜けられたんでしょうがねえ、十三人の世帯じゃ船が大きすぎたんですね。

## 三　平和問題談話会から基地闘争へ

**鶴見**　平和問題談話会は、どういうふうにしてできたんですか。あれは非常に少数の方がイニシアチブをとって始められたと思いますが。

**清水**　いま自発的に絶版にしている本で、岩波新書の『ジャーナリズム』というのがありますが、あれを伊豆山の岩波の別荘で書いていたんです。あれが昭和二三年の九月くらいじゃなかったでしょうか。そこへ吉野源三郎氏が東京から現れて、二人で海岸を歩いたんだなあ、とてもロマンチックな話なんだけれど、吉野氏がタイプ用紙二、三枚のものをぼくにわたして、それを月の光で読んだ記憶がある。それが「世界の社会科学者より戦争の原因について」のテキストなんです。その年の五月だったかにパリで行なわれた東西の学者の間のある種の合意だったわけですね。こういうことが日本でできないだろうか、というのが吉野源三郎氏の考えで、ぼくはできるだろうと思って、むずかしいだろうけれどやるに価いする、と答えたんですよ。

やはり年長の方が中心になられる方がいいだろうというわけで、吉野氏を非常に信頼している安倍能成さんを立てて、その介添役になったのが大内兵衛さんと仁科芳雄さんでしたね。

**鶴見** ずいぶん大世帯でしたが、私の印象では保守的自由主義者もだいぶ入ってましたねえ。和辻哲郎、田中美知太郎、鈴木大拙、田中耕太郎……

**清水** 天野さん。

**鶴見** そうそう天野貞祐。いまからならちょっと考えられないですね。それに、一度話をさせられたときに感じたのですが、和辻さんが前におられて積極的に反応されましたね、ただお座なりに来てるという感じじゃないんだ。

**清水** そうですよ。ああいう年輩の方々が政治的立場を別にして、とても熱心でした。

ぼくは終始、書記局のようなことをやることになりまして、東京だけでもいろんな派がある上に、京都にいくと京都には、派があるだけでなく東京に対する何かがある、というふうで、何かをきめようとすると、東京での合意をもってぼくは京都にいき、そこでまた説明するというようなことで、なかなかたいへんでしたね。

**鶴見** それからだんだんにその人たちはなだらかになってくるんだけど、清水さんだけは、二段階ロケットみたいにずっと先にでていく感じになって、そのあと、少し時代がずれちゃうんだけど、私の頭にのこっているのは砂川の基地問題で、文化人基地問題談話会とかってのがあったでしょ。バスにのって、その文化人なるものも行った。その行ったさきで清水さんが話をして、「私は今日はパジャマを着ています。今晩泊まれるようになっております」っていわれたのが、すごく印象にのこっている。(笑)

**清水** 変なこと憶えてるなあ、そんなことまで言った? ヤレヤレ。

**鶴見** 平和問題談話会のときよりもずっと前にでて、ひっぱっておられたような感じだったが、たしか黒田秀俊さんが事務局長だった。

**清水** ぼくは、談話会を始めるまでは、評論家というか、いくらか学問の好きなジャーナリストとして生きていたし、生きていこうと思っていたから、政治的なことについて全く発言しないというわけじゃないが、ちょっと距離をおいておくというようなところがあったんだけど、談話会をやってみるとね——つまり、こういうことだったんだ。

さんざん議論したあげくに、二三年の十二月十二日に当時の憲法記念館、いまの明治記念館で東西さいしょの総会を開いたわけ。ぼくは経験もないし、ただ、でて書記みたいなことでもやってればいいというぐらいのつもりでいたんだ。ところがその前日の夜、吉野氏に会ったら、「いままでの論点について、経過といっしょに少しまとめて、メモをつくっといて下さい」というわけね。それで家へ帰ってから、あわてて、十項目かそこら書いた。それが当日になって吉野氏が「今日は声明をだすことになる。きのう何か清水さん書いたでしょ、それを声明として読みあげろ」というんだ。おどろいちゃってね、食堂のすみかなんかで総会が始まるまでのわずかな時間に、いくらか格調高い文章に書き改めたわけよ。それに少し手を加えたのが第一回の声明なんだ。するとおもしろいもんでねえ、短い時間だけど自分がまとめたというか、軍事基地反対とかなんとか自分がそれを書き、みんなの前でディフェンドしたわけでしょ。すると、それを聞いて賛成した人と、心の中に持つ重さがちがうんですね。だから、自分が書き、そしてみんなの批判に対して擁護したということで、その声明のエムボディメントみたいに、なっちゃったわけでしょうね。――こんなこと、人に話すの初めてだけど――だから、軍事基地に反対するんだ、といえば、それは反対する以外ないのよね。それともう一つは、国家公務員が多かったんだ。それで、明らかに政治的な問題については行動の範囲がせまかった。ぼくはそのときはまだ大学の教師でさえなかった。学習院は、そういう安倍能成院長との交渉の結果として二四年の四月から勤めることになったんですよ。

砂川のことをご記憶くださるんだけど、ぼくにとってはやはりその前の内灘ですね。あそこでだいぶやって、そのあとで講和問題の声明ですよね。一回めの声明は戦争と平和に関する一般論だけど、講和問題になるとそうじゃない。占領軍との間の関係、日本政府との関係というのが具体的にでてくるし、各政党や諸団体との関係もはっきりでてくるでしょ。そして問題の中心はやはり基地、いいかえれば講和条約というより安保条約の問題で、そこでもぼくは声明を作るから、ますますそのエンボディメントになる。そういうわけで、別に疑うことなしにとびこんで……さかのぼっていえばその頃から二〇世紀研究所のときの仲間とも、ある場合には対立して……。

**鶴見**　そうとう離れていったでしょうね。むしろその時代は初期の二〇世紀の色彩は宮城さんなんかが代表したんでしょうね。

**清水**　そのとおりです。それに、平和問題談話会のメンバーとも離れていったんですねえ。
**鶴見**　もっと闘争の現場につっこんでいくって感じでしたね。

## 四　安保闘争

**鶴見**　それから安保のときも、非常に早くからとりくまれたんじゃないですか。「諸組織への要請」を書かれたのは、激突のだいぶ前でしたね。
**清水**　六〇年の二月でしたねえ。
**鶴見**　あの前の年に学生が国会に入りましたね。あのあたりから学生の気分とは密接だったんじゃないですか。そういうところは、安保問題研究会の学者の人たちとは、ずいぶん気分的な基礎が違ってたでしょうね。
**清水**　違ってましたね。実は安保年代といわれる学者・文化人の間での、六〇年の安保に対する対策の出発というのは、五七年じゃないですか、ずいぶん早いんですよ。なんでも有楽町のナントヤラいうところで相談したなあ。南博君がいたような気がするなあ、ごく少数でした。これは、講和、内灘、砂川というふうに歩いてきたものにとってはそれを早くから問題にするということはごく自然な気持でしたね。だけど安保というのは最高に政治的な問題で、政治的なことは労働者の中に直接にはなかなか入らないわけ。
　いまでも憶えているけどこんなことがあった。五九年の春あたりに如水会館で集まって会議を開いたことがありましてね、共産党の誰かが「そんな高級な話ばかりでは困るんで、安保というのが、スポッと大衆の中に入るようなキャッチフレーズも考えてくれませんか」といったら、誰かが、「安保が通るとお豆腐が五円あがる」のはどうでしょうかって言ったんだ。ぼくはカーとしてね、「五円安くなるんだったら安保は問題にならないのか」って言っちゃったことがあるんだけど、そのくらい入りにくかったわけですよ。そういう中での五九年十一月二七日（学生などの国会突入）でしょ。いまの学生運動とのアナロジーで言ってるつもりはないんで、当時もそう書いたしいまもそう思っているんだけれど、安保が大変な問題だということを、多くの人に気づかせたのは、あの学生の荒っぽい動きかたなんですね。

**鶴見**　それは私もそう思います。

**清水**　もう一つは六〇年一月十六日の羽田闘争ですね。それが例の〝幅広い運動〟を代表する代々木を中心とする諸組織からは、しばしば岸内閣以上の敵にみたてられるようなことになって。それで腹がたって、あの「諸組織への要請」を書いたんです。

**鶴見**　六月十八日の自然承認というのがピークなんですが、あのときに「もうこれほどのことはおこるまい、今の状況というものになぜもっとくい込んでやれなかったか」という意味のことを言われてましたね。それは戦後の総決算という感じでしたね。

**清水**　そうでした。しかし終始、安保条約が破棄できるかどうかということについては自信がなかったな、おそらくできないだろうとは思っていたね。だけど、岸内閣というのはたたきつぶせると思ったんだ。しかしその運動を一点にぶつけないでバラバラにし、エントロピーを増やしちゃったのは、代々木のやり方だった。その考えはいまも変らないな。

六月十八日は。国会の表門をうずめつくした群衆の中に立っていて、どういうわけか、ちっちゃなトランジスタラジオをもっていてね。それがチーンといって……十二時の時報よね、それがねどうも今日の話は涙ではじまって、涙で終りそうで、だけどやっぱりね、涙がでてやり切れない……

## 五　現代思想研究会のこと

**鶴見**　あのあと現代思想研究会をつくられるんですね。私は鬱病になって一年半仕事ができずにいて、何もお手伝いできなくて申しわけなかったんですけども、それで、その頃に清水さんが考えておられたことはぜんぜん知らないんですが、吉本隆明氏に聞くと、清水さんの気持はよくわかると言うんだ。

**清水**　あの人はわかってくれるでしょうね。

**鶴見**　私はあのころからお会いしてもいないし、状況に通じていないんですけど、あのあと『精神の離陸』というのを書かれますね。あれは私はびっくりしたんですが、あの間にあったことというのは、これ（『現代思想』）を読んで、ある種の根拠があるってことはわかりますが、しかし、日本の時代に対する反応としてはどういうことだったのかな。

**清水**　よくわかんないな。正直に言って二〇世紀研究所で得た友達を、平和問題談話会をやってく過程で失ないましたね。談話会では一種の狂信的独走みたいなことをやって、談話会の中でのぼくと条件のちがう人との距離ができてしまったし、安保の最後の過程で、談話会で得た実に多くの人たちをまた失なったですね。

その安保でおさまらない気持のうさ晴らしというか、そんなものをやらないではいられない気持になった。ある人たちは〝安保の大勝利〟を叫んでいるし、その中で自分たちの気持を表現したという……ぼくはいろんな総合雑誌と、長い間にかなり深い関係に入ってたんだけど、まれなケースをのぞくと、そういう雑誌との縁が一度に切れるわけですよね。ですからその、気持を表現したいということと、もう一度いろんなことを勉強したいということで、「現代思想研究会」をはじめたんです。あの年の秋からでしたから、安保のあとで始まったと言ってもいいでしょう。雑誌は号数にすると八号くらいしかでてないでしょう。だけど時間は一年くらいかかって、終ったわけですね。ぼくは、雑誌というのは、花の命は短かくてというけど、ある時期の問題にだけ焦点をあわせて、その問題の一応の終末とともに消えた方がいいんじゃないかという……ぼくはそのへんちょっと美的なんですよ。

**鶴見**　いやあ、私はとにかくいまは生きようという考え方なんで（笑）。

**清水**　ぼくのは同期の桜の精神かも知れないんだけど、もうこのくらいでいいだろ、というんでおしまいにしちゃったんですが。

その間の研究会にでてた人が、ほとんど近代派というんでしょうか、そうなっていったんですね。それはしかし、ぼくが指導したのでも希望したのでもないんで、なぜそうなったかというのは、そうなった人が言えばいいんで、ぼくが代弁する気はないんだけど、ぼく自身についてだけ言えば、つまり、それまでの時期が非常に無理してたわけなんだよね。出身というか根が、育児法てなところから入ってるでしょ。それならそれだけやってればいいじゃないかといわれるかも知れないが、ユネスコの声明にめぐり会ったのが運のつきみたいなことで、一生懸命に声明を書くというようなことになり、くり返しませんが、誰よりも無遠慮に運動の中に飛び込んでいくというようなことになって、ということになると、西をむいてもだめだから東をむいてみただけよ、ということになるのかも知れないが、西をむいても東をむいてもマルクス主義者ばかりなのよ。どの運動だって、マルクス主義の原理の上にたったものですよね。その運動の中に入ってしまうと、自分はマルクス主義者でも共産主義者でもないということはわかり切ってるつもりでも、運動というものをやってくと、やはり赤旗の下でやる以外に活動の場がないわけね。共産党の野坂といっしょに出るということが、運動の上からは必要になってくるわけね。そんなことがワーとある……たしかにしかたなかったことだとは思いますが……安保が終ってみると、やはり身分不相応なことをやってたなあという気がするし、思想的な意味でも……安保の運動の中で仲間に対していちばん腹がたったのは、やはり人民戦線方式というか、幅広く、神を信じたものも信じなかったものもとやらいう、あれには終始腹が立って……ですからそういうものを、いろんな勉強の過程で自分の気持を無理をしないで整理しよう、ということになると、いままでおさえ遠慮していたことが、一度にワーとでちゃう……というのがナチュラルヒストリーですかねえ。

**鶴見**　自分の位置を、運動家としての位置からひきあげたわけですね。すると言いたいことが言えるようになって、言いたいことを体系としてまとめる、ということですね。

**清水**　そのとおりです。

**鶴見**　安保以後、いま、というのをどういうふうにみられていますか。未来学なんてのがすごい流行になってきたけど。未来学というのもひとつのイデオロギーだと思うんですがね。なんというか、ある種の気分と密着していますね、現代感覚として。

**清水**　ぼくは、未来というのは、現状をコントロールするための観念だ、と思うんですよ。未来というのは、イグジストしないもので、多少きどっていえば無みたいなもので。

**鶴見**　「未来を発明する」という言葉が引用してありますが。

**清水**　未来学というのがあるのかどうか知らないけれど、それがさいきんかなり実体化されているような気がするんですね。現状をコントロールするためのアイデアで、人間が支えていなければいけないもの、とぼくは思っているんですが、その未来が、ガンと、しかも明るくイグジストするようで、逆にそこからの光で現在をみるような傾向……つまり、未来が、かつて摂理や歴史的大法則が占めていた座につきそうですね。つきそうな危険がかなりある、と思う。

**鶴見**　なんとなく、未来学というのは、エスカレーターにのって書かれている感じがしますね。人間が未来を創造して、その未来によって現在をコントロールしなければいけないんだけども、その虚無観が非常に稀薄ですね。確実な下足番にゲタをあずけるという感じの議論が多いような気がしますね。

**清水**　つまり、いま、大いなる未来があり得そうだということの一つの支えになっているのが、いわゆる平和共存だろうと思うんです。

漫談みたいなものだけど、平和問題談話会の初期に中野好夫と賭けをしたことがあるんだ。これから五年だったか十年だったかに第三次世界戦争がおこっているかどうか、ということなんだけど、それが、いい齢をした多少インテリ的な人間の間でなり立つという空気があったわけで、言いかえれば、未来があり得るかどうかということがあやしかった。だから、米ソの平和共存が、いくらか確実なものになりそうだということが、やはり未来を考える一つの支えでしょうね。もう一つは技術革新でしょう、それと安保直後の池田の経済政策。技術の進歩というのは、ある程度までオートマティカルにいく面があるんですよ。また、過去の傾向を将来に延長するエクストラポレイション(外挿)で、ある程度まで未来を予測し得る領域ですね。そういう技術革新が中心になって未来が考えられてくると、技術の、中ばオートマティクな進歩というものへ、他の社会生活のさまざまなアスペクトというものが、みんなそっちへくっついちゃうじゃない? 収斂とでもいうかな。だから、技術の進歩というのは、いろんなものがくっついた有機的な全体の中の一面なんだろうな。これのエクストラポレイションがあるとすると、その線で全部のもののエクストラポレイションが考えられてるんじゃないか。それが未来観念の実体化の原因の一つじゃないかと思っていますがね。

**鶴見**　そうですね。原爆は戦争の勝利のために必要ないという、内部からのあきらかな情報がでてるにもかかわらず、ここで広島に落そうというのは、政治的な取り引きのためでしょう。アメリカの犠牲をなくするためというのが当らないことは、ほぼ確実に自分たち自身が知っていますね。それをやってからさらに、もう一つ長崎に落そうというのは、組み合せのちがうもう一つの原爆の効果をためしたいからですね。同じ技術が人間との組みあわせで、その機能がちがってきますね。しかし、技術の進歩だけは確実に計れるから、それとからめて、いろんなものが確実に測定できるような考え方がつよくなってるじゃないかな。

**清水**　技術の進歩におけるエクストラポレイションの伝染だな。

**鶴見**　いまの一つの安易な道なんだろうけど、危険があると思いますね。

**清水**　とはいっても、ぼくは本来、放火魔的なところがあってね、誰もやってないところをみつけるとすぐ火をつけたくなるんだ。それで火がつくとさっと逃げだしちゃって、あとは知らんというわけね。あおる人はあおるだろうし、水かける人は水かけるだろうけど、それはもう関係ないんだ、まかせちゃうというのかな。そんなところがあるなあ。

（一九六八・六）

（『語りつぐ戦後史2』昭和44年12月10日発行・思想の科学社刊掲載）

# 今日を誠実に生きる
## ――パリのルイズ・サンドール婦人へ――

清水幾太郎

日記（一九五四・八・二四、パリ）――終日、冷たい雨が降っている。ホテルのムッシューとマダムとが口をそろえて、この雨もこの寒さもアメリカの水爆実験のせいに違いない、と言って、肩をすくめる。パリもソロソロ飽きて来た。愛する人間と愛する仕事とがない土地は、どんなに美しくても、すぐ飽きてしまうものだ。

午後、元気を出して、ペイエンヌ街五番地の人類教教会を訪れる。この建物は、オーギュスト・コント晩年の恋人クロティルド・ド・ヴォーの家である。彼女が死んだのも、コントが瀕死（ひんし）の彼女の病室の内側から鍵をかけてしまって、彼女の家族を入れなかったのも、この家だ。管理人マダム・ルイズ・サンベールの案内で、小さい礼拝堂をはじめ、部屋や遺品を見てまわる。すべては百年前のことだが、百年を越えた日本家屋とは違って、こちらの建物は一向に古びもせず、荒れもしていないので、そのためにド・ヴォー自身が暗い廊下の片隅に半分ばかり（？）生きているような気味わるさを感じる。エッフェル塔やノートル・ダム大聖堂は、パリを訪れるすべての人間のためにある。しかし、この人類教教会は、ごく少数の人間のためにある。そして、私はこのごく少数の人間の一人だ。かつて、私は日本におけるほとんど唯一のコント研究者であった。晩年の彼が到達したこの人類教という一種の宗教にはほとんど何の興味もなかったにせよ、彼の厖大な著作を私のように熱心に読んだ日本人はいないであろう。私の青春の日々の大部分は、疑いもなく、わがコントに献（ささ）げられている。それなのに、どうしたわけか、いわば来そびれたあげく、大した期待もなく、この教会を訪れたのだが、来てみて、これは真先に訪れるべきものだとわかった。マダム・ルイズ・サンベールは八十歳を越えている。コントに一生を献げてきた人らしい。ポーズを作る。カメラを向けると、どうやって建物を維持しているのか。それを聞いて入ると、ブラジルの信者からの献金によって、という返事。二百フランをマダムに渡す。……下略……

日記（一九五四・八・二五、パリ）――今日も細雨。

正午近く、ムッシュー・ル・ブランス街五番地のオーギュスト・コントの家を訪ねる。昨日と同じように、部屋や遺品を見てまわる。コントの肖像を二枚、ド・ヴォーのを一枚買う。コントに凝りはじめている娘の依頼による。コントの肖像は、二十数年前にフランスから取り寄せたのと同じであった。近くの金龍飯店(きんりゅうふわんてん)で中食をすませて、ペール・ラシェーズの墓地へ行く。墓地を訪れるのにふさわしすぎるような陰気な空だ。入口でカメラを取り上げられてしまう。迷ったすえ、コントの墓を探し出す。案外、新しく見える。例の「愛を原理とし、秩序を基礎とし、進歩を目的とす。」という彼のモットーが墓石に刻まれている。ブラジルの信者のささげた真新しい花束がある。

手紙(一九五四・一一・一七)

あなたは、八月下旬に人類教教会を訪れた、コントの弟子である――あるいは、弟子であった――日本人を覚えていてくださるでしょうか。その時に私が写したあなたの写真は、私の作品としては決してりっぱな出来栄(できば)えとは申せませんが、とにかく、同封してお送り申し上げます。他の点は別として、この写真は、もしそう申して失礼でないなら、あなたの保っていらっしゃる若さを立証するという意味では十分の成功を収めていると思います。

私は、若干の躊躇(ちゅうちょ)の後に、コントにたいする私の関係について書くことにいたしました。コントにたいするあなたの敬虔(けいけん)な態度によって、私は、あなたが一生をコントにささげている方であることを知ったからであります。あなたは、私がパリで会った一切のフランス人のうちで、私と最も縁の深い方のように思われるからであります。あなたと私とは、ただ一度、しかもわずかの時間しか会いませんでしたが、しかし、コントという偉大な媒介者を通じて、堅く結びつけられているように思われるからです。

ある事情によって私が社会学を一生の仕事として選んだのは、私がまだほんとうの少年であったころでした。その後、大学に進むとまもなく、私はコントを読み始めました。大学生としての私にとっては、コントを読まずに過ぎた一日というものはありませんでした。私がフランス語という美しい国語を学んだのも、コントを読むためであったのです。今日と同様、当時も、日本でコントを読む人はほとんどおりませんでした。一冊か二冊を読む人はいても、私のように全著作を研究する人はおりませんでした。私が進んで自分をコントに結びつげ、長くもない青春の時代を彼に献げたのは、もちろん、コントが社会学という学問の創始者であるため、彼の思想の研究を通して社会学の一般的本質へ導かれるであろうという期待が私を動かしていたのによるでありましょう。少くとも、この期待によって私の出発が行われたのは事実であります。

　しかし、コントが私を捕えて離さないようになったのは、私が若干の伝記によって彼の生涯をやや詳しく知ってからのことであります。若い私にとって、若いコントとカロリーヌ・マッサンとのあいだに、老いたコントとクロティルド・ド・ヴォーとのあいだに生まれた恋愛関係は、ある特別な意味を持っておりました。このことを理解していただくのには、大学生としての私が、学者であるより前に官僚である日本の大学の教授たちに接していたことを知っていただく必要があるかもしれません。なぜ日本の学者はあのように傲慢なのでしょうか。真理に向かって謙虚な人間は、同時に、民衆に向かって謙虚であるはずなのですが、国民の税金で養われている日本の官立大学の教授たちのあの尊大と傲慢とはどう解釈したらよいのでしょうか。真理を重んずるよりは権威を重んじ、民衆に仕えるよりは天皇に仕えているのでしょう。官僚教授にホトホト愛想を尽かしていた私は、一生を貧しい町の学者として過ごしたコント、数々の人間的弱点に正直な苦しみを嘗めてきたコントにたいして、言いつくせぬ親しみを感ずるようになったのであります。そして、私自身、どこまでコントの影響によるものかはわかりませんが、今日まで町の学者として生きてきております。あるいは、コントを読みながら、ひそかに自分の運命を予感していたのかとも思われます。

コントの学説の中で最も興味があったのは、何と申しましても、人間性の理論と歴史哲学との関係――と申せば、コントの社会学説の全体になってしまいますが、――でありました。一方、人間性の理論は、現在の用語では心理学の問題でしょうけど、心理学を認めないコントでは生物学の問題になっております。他方、歴史哲学の内容は、人間の精神が神学的、形而上学的、実証的という三つの段階をたどって進歩するという、いわゆる三段階の法則になります。ここに、人間の生物学的あるいは心理学的諸性質と、人類の壮大な歴史的発展の法則との関係が現われてまいります。前者を系統的に論ずるものは後者を完全に無視し、後者を系統的に論ずるものは前者を完全に無視する、というのが今も昔も一般の傾向ではないでしょうか。ある人が、世に歴史の運動など存在しないかのように人間性を取扱っているかと思えば、他の人は、世に人間に固有な諸性質など存在しないかのように歴史の運動を取扱っております。

御承知のように、コントは、均衡のとれた方法で二つのものを結びつけております。コントは、ある限度までは人間性の理論からの演繹によって歴史の運動を明らかにしつつ、しかも、その限度のかなたに歴史の運動の独自性を認めようとしております。逆に言えば、一面、歴史法則に独立の意味を与えながら、他面、その底に人間性の理論を据えているのです。こうして、生物としての人間の動きと、個々の人間の姿をのみこんだ歴史の流れ、この二つのものを結びつけようという企てへコントは私を招いたのです。はじめてコントに接した日から二十数年後の今日まで、私は依然としてこの問題へ招かれております。そして、私はこのことをコントに感謝せずにはいられないのです。

多くの人が申しますように、若い日々の経験はその人間の内部に二度と消えぬ痕跡を残すものなのでしょうか。別にコントのことを考えていない時でも、私は、背後からコントによって操られていることに気がついて、思わず愕然とすることがあります。思索の生活の中で、私は何度となく私のコントへ立ち戻っております。しかし、それは、一面、確かに私が若さの中でコントに出会ったためでしょうが、他面、コントの著作が偉大な古典であることにもよるのであります。

古典とは何でしょうか。私の考えによれば、古典とは、その時代の問題を誠実にかつ根本的に生きた人たちの残した記録にほかなりません。この定義に従うかぎり、コントの著作の大部分は古典としての地位を要求することのできるものであります。彼の著作のどのページも、彼の時代の問題、すなわち、一七八九年の革命から一八四八年の革命に至るフランスの問題に向かって正面から挑戦していないものはありません。時代が彼とその著作との全体を浸していると申してよいでありましょう。時代が突きつける問題を一つもコントは避けませんでした。時代が突きつける問題は、もとより、はなはだ特殊的なものであり、従って、一時的なもののように見えます。学者にふさわしくないもののように見えます。しかし、人間がこの特殊的なものを誠実にかつ根本的に生き抜く時、彼は特殊性の最も深い底で高い一般性へ達するのです。少くとも、触れるのです。時代を越えて意味を持つ普遍性へ到達するのです。少くとも、触れるのです。

コントがそうでした。こういう道を辿らないとしたら、人間はどこで一般性や普遍性に触れるのでしょうか。多くの凡庸な学者の生涯が示しておりますように、時代の問題に冷淡な態度をとることによって、一般性や普遍性を手に入れようとつとめても、それは常にむなしい企てであります。人間が永遠に生きるのは、その時代を真面目に生きた結果、はからずも、永遠に生きるのでありましょう。コントの態度がいつも申し分なく客観的であったとは信じません。しかし人間が当の問題に冷淡である場合、客観的であることほど容易なことがあるでしょうか。客観性ということは、人間が情熱によって理想へ向かって駆り立てられている時にのみ一つの徳なのです。時代の問題に冷淡な人たちにとって、客観性ということは徳でも何でもないのです。

現在の私が正確な意味でコントの弟子であるとは申せません。かつては弟子であったにしても、今はそうではないでしょう。しかし、現在の私をして多少とも自分の時代を真面目に生きようと決意させているものは、疑いもなく、わがオーギュスト・コントなのです。また、そもそも、時代と土地とを異にする私のようなアジア人にとって、自分の時代を真面目に生きるということを学ばないとしたら、西洋の古典に何を学んだらよいのでしょう。

かつてコントの弟子であった一人の日本人として、私は、今度の外国旅行で、パリの人類教教会、コントの家、コントの墓を訪れることができたのは、大きな喜びでありました。最初は、コントの生地であるモンペリエまで行く予定でおりましたが、いろいろの事情で、このプランは捨てなければなりませんでした。

私は、パリを去ってから、イタリアおよびドイツの諸都市を歩きまわった後、ふたたびパリへ帰り、それから、ロンドンへまいりました。九月十五日、私はブリティッシュ・ミュージアムの門を潜りました。おびただしい陳列品で満たされた、この大きな建物の中で、私にとって最も大切なのは、やはり、あのリーディング・ルームでありました。世界の思想史を飾る人たちを寛大に受けいれ、その人たちの仕事を助けてきた図書館です。館員は、私に大きな帳簿にサインすることを要求しただけで、昔ながらの寛大な態度で、私が円形のリーディング・ルームに入ることを許してくれました。私の貰った番号は、六二一二番。ロンドンの鈍い日光が射しこむガラスの天井の下に立って、私は宗教的とでも言いたいような感激に自分をゆだねておりました。蔵書のカタログがズラリと並んでいます。思わず知らず、その一冊を手にとりました。私が手にとったカタログは一〇二番です。この一〇二番には、五〇六ページから五一六ページまで、ブリティッシュ・ミュージアム所蔵のコント関係の文献が記載されているのです。

調べてみますと、ここに掲げられている書物は、全部で二百三十種ばかり。コント文献としては、よく整っている方だと思います。分類は、㈠二冊本以上のもの、㈡書簡集、㈢一冊本、㈣抜萃、㈤附録、というふうに施されています。今では、どういう人が、また、どういう気持で、コント関係の図書を利用しているのでしょうか。

もう一つ、じつは、パリであなたにお会いする前というより、ロンドンでコントに出会う前に、とに、八月上旬、私は北京でコントに会っているのです。従って、このことはパリであなたにお話することができたはずなのですが、しかし、とうとう、お別れするまで私は言い出すことができなかったのです。――私は、小さな決意の後に、以下の文章をしたためるのです。

北京には有名な東安市場(トンアンシイチャン)というものがあって、ここには何百、何千という小さい商店が集まって、便利でおもしろい、ある特別な地域を形づくっております。その中にたくさんの書店があります。私は、古本ばかりを並べている小さい店で、フランス書が山のように積まれているのを発見いたしました。北京では英語の本はあまり珍しくありませんが、フランス語の本は珍しいので、一冊一冊、手に取って調べてみました。私が調べるより先に、その山の中から私たちのオーギュスト・コントが私の目に飛びこんで来たと申すべきでしょう。確かにコントの著書ですが、それは端本(はほん)で、埃にまみれております。――ここで十一年前の北京に話を移すことをお許し下さい。

一九四三年の秋、私は一人でこの美しい町に来ておりました。ある日、秋の強い日射しの中を散歩しておりますうち、孔徳学校という標札のかかった古びた西洋館の前へ出てしまいました。孔徳(コント)は、孔子を意味する文字と、道徳を意味する文字とを組み合わせて作られた、まことにりっぱな名前です。コントの人類教が中国に若干の信者を持っているとは以前から知っておりましたものの、北京に孔徳学校があるとは意外に感じました。私はすぐ建物の中へ入ろうとしました。しかし、門はかたく鎖されており、庭には草がぼうぼうと生えて、人間の住んでいないことを物語っております。中国を占領している日本軍の圧迫のために、閉鎖をよぎなくされていたのでありましょう。しばらくそこに立っていた後、私は孔徳学校の前を去りました。

今度、十一年後の北京を訪れた私は、前に孔徳学校のあったと思われるあたりを何度か通りました。しかし、どうしたものか、孔徳学校は見当らないのです。そして私が東安市場でコントにめぐり合ったのは、誰かに学校のことを尋ねてみようと思っていた矢先だったのです。けれども、端本のコントを取り上げた瞬間、もう、誰に尋ねる必要もなくなりました。コントの端本は、そこに押捺してある紫色のゴム印によって、孔徳学校の蔵書であったことが判明したからです。この端本ばかりではありません。山のようなフランス語の書物にはみな孔徳学校のゴム印が押捺(おうなつ)してあります。私は、その山の中から、A・ロアジの『人間の道徳』(一九二三年)やH・ベルの『伝統的歴史学と歴史的綜合』(一九二一年)などを数冊買い求めて、ホテルへ戻りました。ああ、私は、コントに一生を献げていらっしゃるあなたに向かって全く心ないことを書いてしまいました。北京での経験は、かつてコントの弟子であった私の心さえ幾らか暗くしたのですから、あなたにとってはひじょうに悲しい話であったと思います。私は、あなたのお許しを乞わねばなりません。

古来、北京の美しさはパリの美しさと比較されてまいりました。そして、この両者を比較することができる人は、中国人の伝統的な中華思想とフランス人の伝統的な中華思想とを比較することができます。コントの歴史哲学の基礎に横たわる信仰は、私から申し上げるまでもなく、世界の中心がヨーロッパであり、ヨーロッパの中心がフランスであるということであります。この信仰によれば、世界には、ギリシアとローマとキリスト教とに源を発する一つの文明しかないのであって、諸国民はいわばただ一つの梯子(はしご)を上がって行くのです。梯子を見上げると、一番高いところにいるのがヨーロッパの諸国民で、その中でもフランス国民は先頭を切っているということになるのでありましょう。初めてコントの著書を読んだ時、私はこれを当然のことのように黙って受けいれました。私だけでなく、当時の日本の大部分のインテリが黙って受けいれていたのです。そして、私自身をふくむアジアの諸国民の姿をはるか低い階段に見いだして、それで満足しておりました。

孔徳学校の設立がいつのことか知りませんが、これを設立したフランスの人たちも、これを受けいれた中国の人たちも、恐らく、右のような共通の信仰の上に立っていたのでありましょう。これは長く続いた信仰です。それは、一方、近代におけるヨーロッパ文明の優越という事実を基礎としつつ、他方、アジア諸国にたいする軍事的支配によって、また、現実の事態の学問的弁明によって、久しく自己を維持しつづけてきたものであります。けれども、私がコントを受けいれた時は第一次世界大戦が終ってから十年ばかりをへた時代ですが、西洋の学問にばかり没頭していた私たちの外部では、右の信仰を根本から動揺させるような事態が次々に起っていたのです。アジアの自覚が、解放への意志が、私たちが自己を閉じこめていた狭い世界の外では、何人の目にも明らかになりつつあったのです。もう、アジアの諸国民はあの一つの梯子というものを認めなくなりました。私はここでアジア諸国民の解放の歴史を書こうとは思いません。しかし、コントから今日までの歴史は、もし歴史に敏感なコント自身がこれを観察したならば、コントを根本的に回心させたに違いないような性質のものであります。

深くアジアを知るボイド・オア卿は、次のように申しております。「過去五十年のあいだに、世界の中心はヨーロッパからアメリカへ移ったが、今後五十年の間に、それはアメリカからアジアへ移るであろう。」　ボイド・オア卿の言葉に幾らかの誇張があるにしても、それは一本の梯子への伝統的信仰の重量とバランスを取るものとして許していただきたいと存じます。

何十年か前に中国の古都に孔徳学校が設けられたことは、西洋文明の世界征服という信仰の支配を告げる重大な事実でありました。そして、何十年かの後に、この孔徳学校が閉鎖されたということも、右の信仰の崩壊をつげる重大な事実であると思います。もとより、これは、中国の伝統的な中華思想の復活などではなく、新しい平面における世界の諸国民の文化的協力の出発を立証しているものであります。もちろん、コントが今日の北京を見たならば、孔徳学校の姿の消えたことを悲しむでしょう。私はそれを疑いません。しかし、同様に私が疑わないことは、中国の民衆が解放されたという偉大な事実を、コントがすなおに受けいれるであろうということです。梯子の下の方にいたはずの中国の民衆が、梯子の上の方にいるはずの西洋諸国民がまだ解決できない問題をすでに解決してしまっているという明らかな事実を、すなおに受けいれるであろうということです。

百年前のヨーロッパを誠実に生きた人間なら、百年後のアジアを誠実に生きる人々の事業を正しく理解し評価することができるはずです。現在の中国に生まれつつある新しい社会は、コントが夢に描いた世界とピッタリ重なり合うものではありません。しかし、それにもかかわらず、それは、コントが自らに課した問題の解決を意味するような世界の一つなのであります。そして、この世界が生まれかつ育っていく上で、コントの著作は肥料としての役割を果たしてきたに違いありません。つとめて正直に語ろうとした結果、この手紙の最後の部分があなたを慰める役割でなく、私のコントからの背反を明らかにする役割を果したのではないか、とおそれている次第であります。……下略……

（『日本が私をつくる』昭和30年8月25日発行・光文社刊に掲載）

**星田 宏司**（ほしだ・ひろし）

1942年、東京に生まれる。成蹊大学卒業。

㈱いなほ書房代表取締役、金沢大学講師、日本コーヒー文化学会常任理事（出版編集委員長）。日本社会学史学会会員。

社会学書の出版のほか、珈琲文化研究会を主宰し、季刊雑誌「珈琲と文化」編集長。コーヒーの歴史と文化をテーマに、文献収集、執筆活動を中心に活躍。

主な著書に『日本最初の喫茶店』『黎明期における日本珈琲店史』、編著書に『コーヒーの本』『珈琲、味をみがく』などがある。

**清水幾太郎研究　第１号**

2019年9月15日　第1刷
編　者　星 田 宏 司
発行所　株式会社　い な ほ 書 房
〒169-0075 東京都新宿区高田馬場1-16-11
電　話　03 (3209) 7692
発売所　株式会社　星　雲　社
〒112-0005 東京都文京区水道1-3-30
電　話　03 (3868) 3275

乱丁・落丁本はお取り替えします
ISBN978-4-434-26611-9